普天之下・盡是好書

普天 出版家族
Popular Press Family

凌雲 A-Plus Creative Company 文創

瞬間讀懂人心的
超強讀心術

心理學家愛德華・赫斯博士曾說：
想要看透一個人，不要只會用耳朵去聽他說些什麼，
而是必須用眼睛去看他做些什麼。

你不能不知道的

行為心理學 全集

BEHAVIORAL PSYCHOLOGY

陶然——編

這是因為，一個人的真正心思，往往會在做了言不由衷的事情之後暴露出來。
想要瞬間看透一個人，就不能光看他表現出來的那面，也不能光聽他說出來的話，而要從細微之處看穿他極力掩飾的另一面，以及藏在心中沒說出來的真正心思。

出版序

瞬間讀懂人心的超強讀心術

想要瞬間讀懂人心，其實並不困難。即便是初次相見的陌生人，你都可以憑第一印象抓出對方的目的與可能隱藏的個性、心思。

一個人不管如何遮掩，內心深處最真實的一面，一定會透過表情、情緒反應、肢體動作和特殊偏好顯現出來，想在這個爾虞我詐的社會行走，就必須具備讀人讀心的重要本領。透過細膩的觀察，我們就可以迅速研判出對方心裡正在想什麼，是不是口是心非或言不由衷；提高自己的觀察與判斷能力，在人際關係中就可以無往不利。

心理學家愛德華．赫斯博士曾說：「想要看透一個人，不要只會用耳朵去聽他說些什麼，而是必須用眼睛去看他做些什麼。」

　　這是因爲，一個人的眞正心思，往往會在做了言不由衷的事情後暴露出來。想要瞬間看透一個人，不能光看他表現出來的那面，也不能光聽他說出來的話，而要從細微之處看穿他極力掩飾的另一面，以及藏在心中沒說出來的眞正心思。

　　想要把人看透的秘訣並不困難，重點就在於你是否懂得口是心非的人性。想要知道對方是什麼樣的人，想瞬間讀懂對方的心思，就千萬不能只用耳朵判斷，必須用眼睛仔細觀察他的一舉一動。

　　人與人之間，免不了必須進行溝通、互動。

　　從家庭、學校、職場，甚且社會，一個人的「成長」，說穿了就是透過不斷與他人相處從而逐漸改變、成熟的過程。

　　不妨想想，一天二十四小時之內，可能會碰上哪些人呢？想來數目應該不少！其中必定有已經相互熟識的，但也有可能是完全陌生卻不得不打交道的。無論面對哪一種，你有把握地與他們進行良好的互動，順利完成自己的期望與目的，而不使自身權益受損嗎？

回想一下過去的經歷，恐怕絕大多數人的答案都偏向於否定。

這正是這本書的撰寫主旨。

想要瞬間讀懂人心，其實並不困難。即便是初次相見的陌生人，你都可以憑第一印象抓出對方當下的目的與可能隱藏的個性、心思，且屢試不爽。不用懷疑，事實上，這就是「讀心術」的巧妙之處。

阿諾德曾說：「透識一個人的最快速方法，就是將他全身剝光，讓他赤裸裸地站在衆人面前，然後再看他做出什麼反應。」

因爲，如果這個被「剝光」的人，是一個行事光明磊落的君子，沒有什麼不可告人之事，那麼他就不會在衆人面前驚慌失措，如果這個被「剝光」的人，是一個專門幹無恥勾當的小人，那麼當他赤裸裸地站在衆人面前，就會手足失措，深怕自己的馬腳會不小心曝露出來。

唯有冷靜觀察對方的肢體語言，對細微變化旁敲側擊，我們才能眞正掌握一個人的眞實內在。

人是最擅長僞裝的動物，現實生活中道貌岸然的小人很多，如果你不想老是受他們宰割，那麼就得放聰明一點，才不會老是受騙上當。

我們遭遇的人，可能比我們想像中正直，也可能比想像中陰險，交往之前必須先摸清對方的人格特質與心理需求。從一個人所傳達的肢體語言，我們可以迅速研判出對方是友好的或是狡詐、充滿敵意的；具有這種觀察能力，在人際關係中就可以無往不利。

人人都有個性，影響著他們的思想、喜好，進而決定他們表現在外的所有行爲，只要不刻意掩飾——其實，就算用盡心機，還是會有小小的「馬腳」露出來，瞞不過眞正懂得讀心的聰明人。

學會從小地方看人性，你必定可以得到很大的實質收穫，無論面對上司、同事、下屬、客戶、朋友、家人，都將立於不敗之地。爲什麼呢？原因很簡單，因爲你已經完全把他們的心思掌握在手裡。

目次

PART 1

肢體語言，內心世界的真實反映

人的每個肢體動作都不會是無意義的，一舉手一投足間往往隱藏了大量而真實的內心訊息，透露出一個人的性格特徵和思想動態。

PART 2

從言談中解讀心理密碼

一個人的言談實際上就是內心活動的直接反映，可以表現出一個人的態度、感情、意見以及心理上的波動。透過言語，就可以解讀他人的心理密碼。

PART 3

由神情讀懂他人內心

一個人的臉部表情直接反映了他的內心活動，洞察臉部表情的任何細微變化，你就可以迅速讀懂他人的內心。

PART 4

表情流露一個人的心情

嘴形可以代表活力和愛情。嘴形大的人是活動型的，嘴形小的人擁有安靜的性格。嘴唇厚的人感情豐富，很熱情，嘴唇薄的人很冷酷。

PART 5

由手撫摸的位置了解對方的心思

當女性無意識的用手捏耳朵，或者用手托著臉頰的時候，其實，她們是陶醉在自己的語言世界裡了。

PART 6

距離，意味著彼此的關係

不喜歡的人企圖闖入你的範圍，你就會自然而然的向後退。因此，通過和對方的距離，就可以判斷出對方對你的接受程度。

PART 7

從社交方式破譯心理密碼

在錯綜複雜的人際關係中，學會辨認說謊者的假動作是非常重要，也是必要的技巧，掌握這些技巧，就可有效助你識破對方的謊言。

PART 8

習慣動作會洩露內心的活動

習慣是一個人思想的無意識表達，一個人不經意間形成的生活習慣會在下意識裡「洩露」出內心的心理秘密。

PART

1.

肢體語言，內心世界的眞實反映

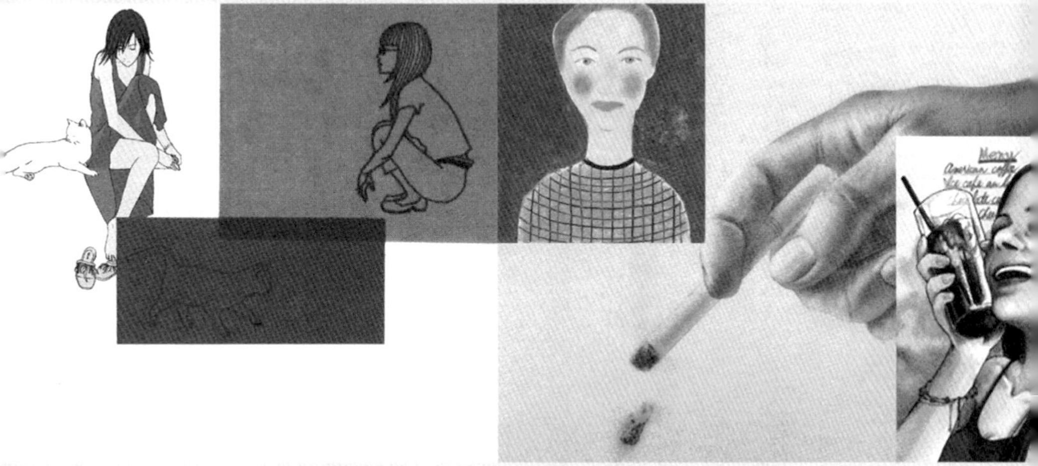

人的每個肢體動作都不會是無意義的，
一舉手一投足間往往隱藏了大量而真實的內心訊息，
透露出一個人的性格特徵和思想動態。

看穿對方弄什麼玄機，就能佔盡先機

讀懂人心，才不會把敷衍的謊言當作真誠；讀懂人心，才不會誤解他人的本意而坐失良機，才能防範那些不懷好意的人。

現代社會瞬息萬變，其中最難琢磨、最難看透的，無疑就是人心。

然而，不管願不願意，活在現代社會，我們每天還是得與形形色色的人打交道。這些人當中，有各種領域的朋友、競爭對手，甚至是陌生人……由於每個人的生長環境和後天經歷不同，性格、心理也都不一樣，行爲模式自然會出現差別。

此外，由於與生俱來的人性弱點，不論是出於自我保護或征服他人，或是在利益、壓力趨使之下，每個人都會戴上不同面具，或深或淺地把眞實的自己隱藏起來，不讓別人洞悉內心的秘密。

因此，如何在最短的時間內識破一個人，洞悉他深藏不露的內心玄機，辨別他的本質，已經成爲現代人適應社會、認清環境、建立人際網絡和成就事業必備的生存技能。

每一個人的內心都是有蹤跡可尋、有端倪可察的，即使掩蓋得再嚴實，也會在各種動作細節上不經意地流露出來。言詞能透露一個人的品格，表情和眼神能讓我們窺測對方內心，坐姿、手勢也會在毫不知覺中出賣它的主人……透過這些「蛛絲馬跡」，我們就可以全面而準確地分析對方，進而在與對方互動過程中迅速準確地看透對方的心理。

在日常生活當中，只要留心觀察，就能從一個人的外貌、肢體動作、聲音和行爲上歸納出他的肢體語言和行爲模式。觀察分析的人多了，就能夠練就瞬間讀懂人心的高超技巧。

唯有讀懂人心，才不會把敷衍的謊言當作眞誠；唯有讀懂人心，才不會誤解他人的本意而坐失良機；唯有讀懂人心，才能防範和疏離那些不懷好意的人。

懂得讀心術，可以使你擺脫無所適從的困惑；可以讓你具有認清環境和辨別他人的能力，使你在風雲突變之際，看透周圍的人與事、看破一個人的眞僞、洞悉他人內心深處潛藏的玄機，在人生的旅途上更加從容。

頭部動作傳遞的心理訊息

人的情緒和態度不同，頭部姿勢也會明顯的不同，並且隨著情緒和態度的變化而變化，所以頭部動作傳遞的心理訊息最多，也最準確。

我們在觀察別人時，首先映入眼簾的一般是對方的頭部動作。這不僅是因爲頭部長在身體的最上面，最爲顯眼，更重要的是，頭部集中了所有表情器官和神情，傳遞的心理訊息最多，也最準確，所以頭部動作往往是人們關注、觀察肢體語言的重點。

在不同的場合，由於情緒和態度不同，頭部姿勢也有著明顯的不同，並且隨著情緒和態度的變化而出現變化，因此從頭部的動作就可以看出一個人對別人和社會的態度。

下面，就我們來破譯一些頭部動作的內涵。

・頭部猛然上揚，然後回復到平常的姿勢

這個動作如果出現在遇見還不甚熟識的人的時候，表示「很驚訝會在這裡見到你」，或是「你怎麼會出現在這個地方」。在這裡，驚訝是關鍵性的要素，頭部上揚則代表吃驚的反應。

如果出現在彼此熟識，但雙方距離較遠時，則表示當事人突然明瞭某事物的要旨而驚嘆，是猛然醒悟的表現。

如果是在交談中，對方突然出現這個動作，意在表明他突然理解了你所說的話，並對你的話表示贊同。

・搖頭

搖頭本質上是否定訊號，但也有不同情況。

・把頭猛力轉向一側，再迅速回復原來的位置：這種單側擺動頭部的動作是

「不」的訊息，如不同意你剛才所說的話，或者拒絕你剛才的請求。

●頭部半轉半傾斜向一側：這是一種友善的表示，彷彿是在與人打招呼，它所傳遞的訊息是「非常高興見到你」。

●緩緩搖頭：緩緩搖頭一般是用來表示否定之意，比如「我不同意你的觀點」、「我沒有聽懂你的意思」、「我不會按你所說的去做」……等等。

●快速搖頭：快速搖頭除了否定的意思外，有時也會用來表達「害羞」和「靦腆」，但表達後一種意思時，搖頭的幅度比較小。如果在小幅度快速搖頭的同時還伴有低頭的動作，則可斷定是害羞心理。

‧晃動頭部

如果對方跟你說事情的時候，不由自主地晃動頭部，說明他正在撒謊，此時雖然他內心很努力想控制頭部晃動的動作，卻不能完全控制住。

如果頭部晃動很劇烈，說明對方正處於緊張狀態，肯定是做錯了什麼事，或者是違背你，但一時又找不到理由跟你說。

如果是緩慢地晃動頭部，則是表示驚奇和震驚、驚訝的意思，說明對方對於你說的話，或是對眼前所發生的事情感到難以置信，以晃動頭部來讓自己清醒地接受這個事實。

・頭部僵直

這種動作表示對方毫不畏懼你，甚至對你不屑一顧。如果這個動作出現在討論問題時，則說明對方堅持自己的觀點，沒有絲毫退讓的跡象。

但是，如果頭部僵直，又面無表情，可能僅僅是心裡覺得無聊的表現。

・頭部往側面方向移開

這基本上是一種保護性的動作，把臉部移開，迴避對身體有威脅或者造成傷害的事物。在特殊情況下，這個動作則可以解釋爲藉由掩飾臉部而隱藏自己的表情。

‧頭部向前伸

當一個人把頭部往前伸時，說明他已注意到了前面所發生的事情，並且對此很感興趣。這個動作既可以是滿懷愛意，也可以是滿懷恨意，得看到底發生了什麼事情方能做出判斷。

如果是彼此相愛的兩個人，是表示對對方的愛意，伸長脖子並神情專注地凝視對方的眼睛，沉醉於美好的感情之中。

如果雙方是仇家，伸出頭部來則是表示自己不畏懼或者藐視對方，而且眼睛瞪視對方表示仇恨。

至於頭部縮回，則是一種迴避動作，同時也表示對事物不滿或不認可。

‧頭部下垂，呈低頭的姿態

交談時，如果有一方把頭垂下，呈低頭的姿態，傳達的基本訊息是放低姿態，屈居人下的意思。

如果將頭部垂下的人是上級或是位階較高的人，則是以消極的方式表達「我不會只想到我自己」，進而表示「我是友善的」。

・突然把頭低下

突然把頭低下這種隱藏臉部的動作，是表示謙卑與害羞。如果在心懷敵意的情況下把頭低下，表示心理有緊迫的負荷，在這種情況下，伴隨的動作是眼睛向前瞪視對手，而不是隨著臉部而下垂。

・抬頭

抬頭是表示有意投入的動作，但如果對方原本是低著頭，忽然間抬起頭，則說明他可能是突然想起了什麼事情，或者聽到有人呼喚他。

・頭部後仰

這是表示驕傲和自信的動作，有些勢利小人或自信過頭的人就常擺出這種鼻孔朝天的姿態。

當一個人擺出頭部後仰的動作時，情緒變化常包括沾沾自喜、桀驁不馴和充滿優越感。基本上，這是挑釁的姿勢。

‧頭部歪斜

這種動作源自小時候舒適的依偎，像小孩子把頭部靜靜依靠在父母身上，屬於一種撒嬌行爲。

這種動作一般在女性身上較爲常見，通常表示爲需要依靠的意思。如果是用來賣弄風情或者故意用來吸引別人，那麼這個動作則有假裝天眞或故意撒嬌的意味，僅僅是想吸引對方的注意。

‧點頭

點頭大多是表示答應、同意、理解和讚許，但也有不同的情形。

緩緩點頭：如果聽話者每隔一段時間就做出點頭的動作，並且速度較緩，每次點頭兩三下，表示他對談話內容很感興趣。

快速點頭：快速點頭的動作傳達出「你說得太對了」、「我十分同意你的觀點」等非常肯定的意思。但是，有時也可能是在告訴說話的人「你不要再說了，我聽得很不耐煩了」，尤其是配合著「好好好」、「我知道了」等語言時。

另外，點頭還含有催促之意，意即催促說話者快點結束發言。如果聽話的人點頭的速度很快，而且頻率很高，那麼通常是對你說的話不感興趣，希望你快點閉上嘴巴。

以上頭部的種種動作涵蓋了心理活動的一些深刻內涵，弄懂這些肢體語言，更容易讀懂人心。當然，想確實瞭解對方流露的心理暗號，需要在不同的場合下根據不同表現進行具體分析。

從手部動作的細節洞察人心

雙手的一些不自覺的動作，都是一種內在情感的自然流露。所以，看人時更應注重看他的手，因為手會透露出他內心更多的訊息。

手是人體上最常動作的部位，傳達的肢體語言也最豐富。身體上其他器官的姿態、動作、表情大多處於輔助的地位，只有手，不但可以協助其他部位，而且能獨立表情達意。

法國大散文家蒙田就曾寫道：「看呀，看看雙手怎樣允諾，怎樣變戲法、怎樣申訴、怎樣脅迫、怎樣祈禱、懇求、拒絕、呼喚、質問、欣賞、供認、奉承、訓示、命令、嘲弄，以及做出其他各式各樣變化無窮的意思表示，使靈活巧妙的舌頭亦相形見絀。」

行爲心理學家認爲，人的感情和慾望有時候無須經過語言，從手部的運作往往就能直接反應出來。這是因爲人的大腦皮層除了控制臉部的動作之外，絕大部分就是用來控制手部動作的。

比如，我們說「捏了一把冷汗」時，緊張的情緒不僅僅會表現在臉上，還會在手中顯現出來。有時候，「手的表情」甚至要比「臉的表情」表現得爲眞實。

另外，雙手的一些不自覺的動作，也都是內在情感的自然流露，精於「讀心」的人往往從中就能瞭解一個人的心理。

• 十指交叉，自然放置

這是一種較爲自信的心理信號，擺出這種手勢之時，人們往往神情坦然並且面帶微笑。

• 十指交叉，雙手緊握

這是拘謹、焦慮、消極、否定的心理現象。在談判過程，假使有人使用該手勢，就證明他已經有了挫敗感，認爲自己的話缺乏說服力，開始自我否定。

• 十指交叉，自然放於胸腹部之間

這是一種傳達「拒絕」心理的手勢，也一定程度意味著挫敗感。在交談過程中，如果對方出現了這種手勢，那麼進一步的溝通就會相對困難。這時候，如果你希望交談進行下去，就要立刻採取一些行動，否則對方交叉於胸腹部的雙手會像交叉於胸前的雙臂一樣，將你所有的觀點和想法全都拒之門外。

• 十指交叉放於大腿，兩拇指指尖相頂

這種手勢表示當下的情境或話題讓他感覺爲難，不知如何是好。這種手勢往往還會伴隨著語速放緩，甚至出現咬下唇的動作。

• 十指交叉，一手拇指向上伸直

跟上一個動作不同，這個動作中只有一隻手的拇指向上伸直，所表達的含義是：我對自己所說的話十分有信心，對所談的事情也抱著十分積極的態度。

• 十指交叉，眼睛盯著對方

這個動作是一種忍耐的肢體語言，表示此人正在努力壓制自己心中的不滿或反感的情緒。

• 十指交叉，置於臉部

十指交叉時雙肘撐起，使交叉的雙手置於臉前，這是很明顯的「敵意」動作，表示對方已經產生排斥、不信任等消極情緒，不希望談話再進行下去。

• 十指交叉，一手手指摩擦另一手手掌

這個動作在大多時候表現的是一種負面心理，人處於懷疑或壓力狀態下，大多會在這個動作基礎上，用一隻手的拇指去摩擦另一隻手的手掌。按照行爲心理學家的說法，這種「自我接觸」會產生安慰大腦的功效，是一種焦慮不安和心理活動複雜多變的象徵。

• 十指交叉，兩大拇指互相環繞轉動

這個動作表示此人情緒高漲。當一個人沉浸在愉快的回憶中時，常會慢慢地旋轉拇指；而在計劃未來時，則會迅速地旋轉拇指。兩種情況都表示此人內心充滿興奮之情，性格充滿活力。

・緊握拳頭

這種人缺乏安全感，防禦意識比較強，因而經常緊握拳頭，提防別人的攻擊。他們做人的信條通常是「人不犯我，我不犯人，人若犯我，加倍奉還」。

除了缺乏安全感以外，經常握著拳頭的人，能夠關心體貼別人，富有同情心而又善解人意。

・習慣把手指合在一起的人

有這種習慣的人經常處在矛盾狀態中，理智和情感總是不停交戰，但他們多半能很好地掩飾自己，儘管內心非常不平靜，但外在的表現卻是泰然自若。

・手不停地擺弄近旁的東西

不斷擺弄身旁的物品有兩種意思：一種是爲了緩解心裡緊張不安，另一種是心不在焉、漫不經心。

・手托著腮

如果一個人沒事的時候手托著腮，則表示心裡有「想依靠某個人」，「需要他人支援」的想法。如果在交談過程中，對方做出這種動作，則表示對談論的話題不感興趣，你還是儘快交出談話的主動權爲妙。

・把雙手插進口袋裡

有些人不論在什麼情況下，總是喜歡把手插在口袋中。行爲心理學家認爲，這個動作可以把手隱藏起來，基本上是出於不願意暴露眞心的戒備心理，要不是暗藏著不可告人之事，就是不信任對方。

若是交談之時把手插入口袋中，則意味著不太認眞聽別人說話，正在思索自己的事。雙手插口袋雖然是不自覺的手勢，卻流露著內心世界的活動。

・背手

這種動作表示對生活充滿自信，對未來充滿憧憬。有這種習慣的人心態成熟，遇到事情異常冷靜，不慌不忙，給人鎭定自若的感覺。

但是，這種情況也有例外，如果雙手背於身後，並且用一隻手抓住另一隻手的手腕或胳膊，表示此人心理緊張，採用這種姿勢，是想控制自己的緊張情緒。而且，手握的位置越高，說明情緒緊張的程度也越高。

・搓手

搓手不僅僅是感覺冷時才採用的動作，當人的內心懷有期待的情緒，盼望著某件事成功或達到預期結果，也會出現搓手的動作。

搓手可以分爲快速和緩慢兩種情形。

快速地搓手掌，表示此人對別人所說的事情躍躍欲試，十分期待，還夾雜著一點急切。

緩慢地搓手掌，說明此人此刻內心正猶豫不定，可能是即將做出的決定影響重大，或是要做的事情阻力很大，正在考慮要不要做。

・觸碰鼻子

在交談中，如果一方出現這種動作，表示他正在思考對方所提到的事情。如果是用指尖頂著鼻翼，表示對對方的話存疑；如果不斷重複這一動作，則表示「拒絕」。如果手指放在鼻子的下面，表示對對方所提到的事感到不快。

• 挽著胳膊

挽胳膊有好幾種姿勢，姿勢不同，意義也不一樣。挺著胸，一隻手挽在另一隻手胳膊比較靠上邊的位置時，是誇耀自己很了不起的意思。挽在胳膊比較靠下的位置，且緊緊貼著身體時，則是一種「防衛信號」，表示此人內心感到不安，企圖在自己前面搭起一道保護屏障。若是挽胳膊的時候還弓著背，則可以解釋爲心中侷促不安。

• 攤開雙手

攤開雙手很多時候是表示無奈、爲難的一種動作，意在告訴對方「我也沒有辦法，你讓我怎麼辦呢」，同時可能還伴隨聳肩的姿勢。會做出這種手勢，通常是比較眞誠、坦率的人，當自己無能爲力的時候，會直言相告，而不是虛僞地掩飾。

行爲心理學家認爲，判斷一個人是否坦率與眞誠，最有效、最直接的方法就是觀察手掌姿勢是否雙手推開。當一個人表示完全坦率或眞誠時，就會下意識向人攤開雙手。由此可見，當一個人與你交談時，若不時伸出雙手攤開，說明他是誠實可靠的。

•習慣把一隻手放在另外一隻手上面

這種動作要分兩種不同的情況來說明，如果是左手在上、右手在下，說明對方是一個感性意識比較強的人，通常會依照自己的直覺來完成事情。相反的，如果是右手在上、左手在下，則說明對方是一個理性意識比較強的人，會依循實際狀況做事。

•用手指纏捲頭髮

這種肢體動作大多出現在女性，具有兩種含意：一種是表示無所適從，或遇到困難問題，出現失望情緒；男人遇到這種情形時，大部分是抓腦袋、搔頭皮。另一種情況則是在展現自我，想吸引別人的注意力，這樣的動作說明自己是很有魅力的，是一種自信心的流露。

•習慣用手指挖鼻孔或是掏耳朵

此類人在思想上還不是很成熟，有時會有些相當幼稚的表現。他們喜歡收集和儲存各式各樣的、自己認爲很有意義和價值的東西，只不過，那些東西在他人看來，可能一文不值。

•手指不停地動彈

一個人的手指若不停地動彈，大多表示正處在非常緊張的狀態中，感到無所適從，想藉由這種方式來轉移自己的注意力，緩解緊張情緒。

•用指尖輕敲桌面

用指尖輕敲桌面，並發出清脆的聲響，暗示這個人可能正陷入某種思維困境，正在思考解決問題的辦法，或是猶豫不決，不知道是否該做出某項決策。此外，也可能只是不耐煩，想透過這種方式來減輕內心的壓力。

•習慣咬指甲或是吮吸手指

習慣把手指放到嘴邊，不論是咬指甲或是吮吸手指，這樣的人往往讓人產生不舒服的感覺。這樣的人無論外表如何，在精神和心態上都是非常幼稚的，因爲心理成熟的人絕對不會有這樣的行爲。

• 突然緊抱雙臂或雙手叉腰

在交際場合，突然用兩手緊緊地抱住胳膊，身體稍微向後仰，或是雙手叉腰，身子向前傾，都表示對對方的話持不贊成的態度。前一種姿勢含有不以爲然的意思，後一種則表示欲與對方理論，爭出個是非對錯。

• 用手捂嘴，做遮掩之勢

說錯話時，趕緊用手捂住嘴，做遮掩之勢，這種人大多非常靦腆，說錯話以後會十分後悔，感覺不好意思，且耿耿於懷。這類人一般心性懦弱、內向拘謹，很難與他人分享秘密。

• 用手撫摸腹部

習慣把手放在腹部，並且無意識地撫摸腹部的人，多半有些神經質，而且比較多疑。

不同的坐姿反應不同的心理

人們的坐姿各具特色，不一而足。每一種坐的方式，似乎是無意，而從這貌似隨意中，卻可以探出其心理活動的規律。

每個人在坐著時都會呈現出不同的姿勢，有些人喜歡翹著二郎腿，有些人喜歡雙腿併攏，還有些人則喜歡兩腳交疊……

行爲心理學家認爲，從這貌似隨意的坐姿可以探出一個人心理活動的規律。

那麼，這些不同的坐姿又反映出什麼不同的心理呢？

•自信型坐姿：左腿交疊在右腿上，雙手交叉置於腿根兩側

這類人自信心很強，非常堅信自己對事情的看法，即便與別人存在分歧，也

不會輕易受到別人的影響。

他們的天資聰穎，總是能想盡一切辦法和用盡最大努力去實現自己的理想，遇到困難，絕對不輕易向困難低頭。同時，他們很有才氣，協調能力也很強，具有領導才能。

不過，這種人有一些不好的習性，容易得意忘形，而且性情不專一，常常見異思遷。

• 溫順型坐姿：兩腿和兩腳跟緊緊併攏，兩手放於兩膝蓋上

這類人性格內向，爲人謙遜有禮，常常替別人著想，雖然性格內向，但朋友卻不少。

在工作上，這類人踏實認眞，埋頭爲實現自己的夢想而努力，並且很珍惜自己辛勤勞動的成果。他們堅信「一分耕耘，一分收穫」，極端厭惡那種眼高手低、只知道誇誇其談的人。

•古板型坐姿：兩腿及兩腳跟靠在一起，雙手交叉放於大腿兩側

這類人為人古板、性情執拗，不輕易接受別人的意見，即便知道別人是對的，仍會固執地堅持自己的觀點。

這類人都有完美主義傾向，凡事都想做得盡善盡美，卻又高估自己，因此做的都是一些可望而不可及的事情。他們還愛誇誇其談，喜歡想像卻缺少務實的精神，明顯缺乏耐心，哪怕只是短短十分鐘的會議，也會顯得極度厭煩，甚至反感，在現實中經常遭遇失敗。

•羞怯型坐姿：兩膝蓋併在一起，腳跟分開呈「八」字型，兩手掌相對，放於兩膝蓋中間

這類人性格內向，普遍有害羞、膽怯、忸怩心理，缺乏信心，和陌生人說一兩句話就會臉紅，非常害怕出入社交場合。另外，他們雖然感情非常細膩，但並不溫柔，經常會給人一種莫名其妙的感覺。

他們是保守型的代表，觀念老舊，對許多問題的看法都停留在幾十年前。在

工作上，他們也習慣於用過去經驗做爲依據，因循守舊，一出現狀況，常常不知失措。

不過，他們對朋友的感情是相當眞誠的，別人有求於他們的時候，只要在能力範圍，肯定會效勞。

• 堅毅型坐姿：大腿分開，兩腳跟併攏，兩手放在肚臍部位

這類人屬於好戰型，有勇氣，也有決斷力，不斷追求新生事物，也勇於承擔社會責任，一旦想做某件事情，就會立即付諸於行動。這類型的人在感情方面有很強的佔有慾，經常會干涉另一半的生活，時常鬧得不愉快。

這類人如果成爲領導者，權威往往來源於他們的霸氣，部屬並不是眞心尊重他們，只是震懾於他們的職位。他們通常無法妥善處理好人際關係，遇到棘手的人際問題時，只能求助於自己親近的人，但對生活上所帶來的壓力，他們倒能夠泰然處之，沉著應付。

• 放蕩型坐姿：兩腿分得很開，兩手沒有固定擺放處

這類人具有指揮者的氣質兼支配性格，性格外向，往往不拘小節。由於生性好奇，喜歡追求新鮮事物，不滿足於平凡的事，總是想做一些其他人不能做的事，喜歡標新立異，偶爾也會成爲引導潮流的「先驅」。

這種坐姿的人，平常總是笑容可掬，喜歡和人接觸，人緣也不錯。他們不太在乎別人的批評，始終按照自己的性格生活，這是一般人很難做到的。

• 冷漠型坐姿：右腿交疊在左腿上，兩小腿靠攏，雙手交叉放在腿上

這類人表面上看起來和藹可親，給人容易接近的感覺，事實上卻恰恰相反。他們不僅個性冷漠，而且性格中還有一種「狐狸作風」，不論是對親人、對朋友，總喜歡炫耀各種心計，但往往聰明反被聰明誤。

另外，他們沒有什麼耐性，做事總是三心二意，不肯全力以赴、認認眞眞去完成，還不斷地向人宣傳「一心二用」理論。總之，這類人讓人覺得虛僞。

• 悠閒型坐姿：半躺而坐，雙手抱於腦後，一副怡然自得的模樣

這種人性格隨和，善於控制自己的情緒，與任何人都相處得來，因此能得到大家的信賴。

他們的適應能力很強，對生活也充滿朝氣，從事任何職業都能得心應手，加上毅力不弱，往往有不錯表現。他們的另一個特點是個性熱情、揮金如土。

這種人的雄辯能力也很強，但並不是在任何場合都會表現自己，這完全取決於當時面對的對象。

站立姿勢反映心理秘密

每個人的站立姿勢各有不同，只要細心觀察周圍人的站立姿勢，對於探知其性格、心理，定會有所收益。

一般來說，人的形象當中，站姿佔有很重要的地位，因爲當你面對別人的時候，首先映入別人眼簾的就是你站立的姿勢。

行爲心理學家認爲，站立的姿勢就是性格的一面鏡子。現實生活中，每個人都有自己習慣站立的姿勢，很多時候，從一個人站立的姿勢，就可看出其某種心理狀態。

• 站立時習慣把雙手插入褲袋的人

這種人性格偏內向、保守，城府較深，警覺性極高，凡事步步為營，不輕易向人表露內心的情緒。若是同時還有彎腰曲背的動作，則是心情十分沮喪或苦惱的表現。

• 站立時習慣一隻手插入褲袋，另一隻手放在身旁的人

這種人性格複雜多變，情緒不穩定，待人處事依自己的心情而定，有時會熱情洋溢，傾心交談，有時卻冷若冰霜，讓人難以接近。此外，這類型的人自我保護意識很強，常為自己築起「防護網」，人緣並不是很好。

• 站立時挺胸縮腹，雙目平視的人

這是一種標準的站立姿勢，說明此人非常有自信，性格也較為開朗，給人「氣宇軒昂」、「心情樂觀愉快」的感覺。

• 站立時彎腰駝背，略現佝僂狀的人

這種人的性格封閉、保守，甚至有些自閉傾向。他們經常會出現惶恐不安或自我抑制的心情，對生活提不起興趣，精神上也很消沉。

・站立時喜歡把雙手疊放於胸前的人

這種人性格堅強，不屈不撓，不輕易向困境壓力低頭，即便遭受打擊，也能迅速振作起來。但由於過分重視個人利益，這類人與人交往時經常擺出一副自我保護的防範姿態，拒人於千里之外，令人難以接近。與這種人談話時，如果他們身體微微往一邊傾斜，表明不喜歡你，最好趕緊找個理由離開。

・站立時兩手叉腰的人

這是具有自信心和心理上有著絕對優勢的表現，說明這人對眼前所發生的事情已有充分的準備。

如果兩手叉腰站立，雙腳分開比肩膀寬，整個軀體顯得膨脹，往往有著潛在的進攻性，若是再加上腳尖拍打地面的動作，則暗示著領導力和權威。

• 站立時雙手置於臀部的人

這種人自我意識很強，對自己認定的事情不會輕易改變，行事小心謹慎，絕對不會有馬虎之舉。這樣的人具有很好的領導能力，唯一的缺點是有時太過主觀，性格有點倔強，有時幾乎是頑固。

• 站立時雙手置於背後的人

這種人紀律性很強，尊重權威，對工作認眞負責，極富耐心，而且能接受新觀點和思想。但是，他們的情緒波動較大，有時會給人難以捉摸的感覺。

• 站立時兩手雙握置於胸前的人

擺出這種姿勢，表示此人躊躇滿志，對自己所做的一切信心十足，呈現睥睨一切的狀態，或是對即將要做的事情成竹在胸，非常有把握。

・站立時雙腳合併，雙手垂置身旁的人

這種站立姿勢比較保守、傳統，甚至有些古板。這種人的性格也猶如站姿一樣，誠實可靠，保守傳統，循規蹈矩，不會有太大的突破。他們對新鮮事物的接受理解能力或許欠缺，但毅力堅強，絕對不會輕易向困難低頭。

・喜歡倚靠東西而立的人

擺出這種姿勢，多半因爲失意而心情不好。習慣性擺出這種姿勢的人，一般對人比較友好，說話比較坦白，容易接納別人。

・站立時別腿交叉而站的人

這是一種持保留態度或輕微拒絕的意思，同時也能暴露出此人感到拘束和缺乏自信心，如果對方是陌生人，則表明他有點害羞。

・站立時不斷變換姿勢的人

這種人性格急躁、暴烈，身心經常處於緊張狀態，而且不斷改變自己的思想觀念，沒有固定不變的想法。這樣的人在生活方面喜歡接受各種新的挑戰，是典型的行動主義者。

• 站立時雙腳成內八字狀的人

這種姿勢多見於女性，有軟化態度的意味。許多女性擔心自己的支配慾和好勝心顯得太強時，常會採取這種站立姿勢。

• 站立時雙腳併攏，雙手交叉的人

併攏的雙腳表示謹小慎微、追求完美。這種人看起來缺乏進取心，但往往韌性很強，是屬於平靜而頑強的人。

每個人的站立姿勢各有不同，只要細心觀察周圍的人的站立姿勢，對於探知性格、心理，定會有所收益。

從坐姿看出對方的誠意

在和第一次見面的男性談話的時候，如果對方很放鬆的張開雙腳坐著，那就表示他對我們是很信任的，而且可以接受我們。

如果男性張開腳坐著的話，對對方的態度是怎樣的呢？

心理學家說，人類隨時隨地都在向外界發射自己是男性還是女性的「性別信號」。像男性張開雙腳坐著，就是一個表示自己是男性的信號。

張開雙腳是一種無防備的動作，至少在強調自己可以做到這件事情的同時，也在向對方表示自己對他的信賴度。雖然這種坐姿是在強調自己的男性氣概，但是在陌生人當中採取這樣的坐姿，是需要勇氣的。

在國外的一部動作片當中，有這樣一個畫面，被敵人抓住的男主角雙手被反綁在椅子背後，但是他仍然張開雙腳坐著。男主角的這種姿勢，表現出他的態度是：「我絕對不會輸給你們的。」

然而，在擁擠的車廂中，故意這樣張開雙腳坐著的話，不但不會有什麼好的效果，反而會弄巧成拙，讓人讀出你的內心狀態。那是因爲你沒有把握周圍的氣氛做出合宜的舉止，只是想虛張聲勢而已。

一般對自己沒有自信的男性，通常不會張開雙腳，而是會雙腿併攏穩重的坐著。像這樣對自己沒有自信的普通男性，當他張開雙腳坐著，而且對方不會對他不利的話，那就表示他是信賴對方的。再者，我們也可以認爲，他選擇對方做爲自己發出性別信號的對象。

因此，在和第一次見面的男性談話的時候，如果對方很放鬆的張開雙腳坐著，那就表示他對我們是很信任的，而且可以接受我們。

但是，如果對方是一個很自負的人，或者是一個年長者，或者是一個地位比你高的人，那麼你們在一起的話，請不要張開雙腳坐著，因爲這會表示你在向他顯示你的強大，而使對方採取警戒的態度。

在這種時候，你要很有禮貌，而且自然的併起雙腳，向對方顯示自己也是處於一種放鬆的狀態。

雖然前面提到，張開雙腳坐著是想表現自己很強大的男性發出的「性別信號」。但是最近，在車上，我們經常可以看見女性出現了這樣的坐姿。仔細觀察了一下，我們可以發現她們的雙手一直很緊繃的按在兩腿之間，這反而是一種警戒姿勢，也是一種「防禦行動」。

走路姿勢折射內心世界

一個人的心情不同，走路的姿勢也就不同；每個人的個性不同，走起路來的姿態也各有差異。觀察他人的走路姿態，就可從中透視其內心世界。

走路是我們每天都要做的事情，就像呼吸空氣一樣稀鬆平常，究竟會藏有什麼玄機呢？

英國心理學家莫里斯經過研究，發現了一個有趣的現象：在人體的各個部位中，越是遠離大腦的動作，越可能表達一個內心的眞實感情。

如果從臉往下看，手位於人體的中間偏下部位，誠實度可以算中等，但研究發現，人或多或少會利用手來說謊。至於雙腳，則離大腦的距離最遠，相形之下，要比其他部位「誠實」得多。

因此，雙腳的動作能夠洩露獨特的心理訊息，對探究一個人的心理層面有著特殊的意義。

中文裡有很多用來描述腳部動作的詞語，例如輕、重、緩、急、穩、沉、亂等，這些形容詞雖是描寫腳步，事實上也描述人的心態穩定或失衡、恬靜或急躁、安詳或失措等。

一個人的心情不同，走路的姿勢自然有所不同；每個人的秉性不同，走起路來的形貌也各有差異，如循規蹈矩之人的走路姿態，與積極上進之人的走路姿態絕對大相逕庭。

因此，行爲學家明確指出：「在一般情況下，要判斷對方的思想個性如何，只要讓他在路上走走，就可以大致瞭解了。」

這種分析具有一定的準確性和科學性，只要透過觀察一個人的走路姿態，就可從中透視內心世界。

•抬頭挺胸的人

這種人大多比較自信，自尊心也較強，但有時過於自負，妄自尊大，顯得孤傲。他們凡事只相信自己，習慣主觀臆斷，對於人際交往較爲淡漠，經常孤軍奮戰。這樣的人思維敏捷，做事有條不紊，通常有不錯的形象，具有組織能力，能夠成就事業和完成既定目標。

・步履矯健的人

這種人比較注重現實和實際，精明能幹，凡事三思而後行，不莽撞和唐突，不好高騖遠，無論事業還是生活，都能夠腳踏實地，一步一腳印地前進。

步履矯健的人重信義和守諾言，不輕信人言，有自己的主見和辨別能力，是值得放心的人。

・行色匆忙的人

遇到緊急情況，人會不顧一切地疾行，但如果任何時候都顯得匆匆忙忙，好像屁股著火似的，那就另當別論了。

這種人沒有耐性，個性急躁，處理事情雖然明快，但卻缺少必要的細緻，容易草率行事。優點是，他們遇事從不推諉搪塞，勇敢正直，精力充沛，喜歡面對各種挑戰。

• 弓身俯首的人

這樣的人給人最大的印象就是自信心不足，缺乏膽識與氣魄，沒有冒險精神。他們個性平和而內向，謙虛而含蓄，不喜歡華而不實的言詞，通常給人彬彬有禮的感覺。

這樣的人與人交往過程當中，不會過度表達自己的感情，顯得沉默冷淡，似乎對什麼都沒有興趣或熱情，但實際上他們很重視友誼，尤其對於知己拜託的事會全力以赴。

• 翩翩若舞的人

走路時扭動腰肢、搖曳生姿，這種步態以女性較爲常見。這樣的女性大多心地善良、坦誠熱情，容易相處，在社交場合中頗受歡迎。

如果男性走路呈這種步態，左搖右擺，前顧後傾，則大多好裝腔作勢，做事沒有責任感，善於諂媚。

• 手足協調的人

走路時雙手擺動幅度規律，雙腳步伐固定，這種人對待自己非常嚴厲，不允許有半點的差錯和放鬆，希望自己的一舉一動都可以作爲他人的榜樣。他們具有相當堅強的意志力和高度的組織能力，但容易武斷獨裁，讓周圍人畏懼、排斥。

這樣的人對生命及信念固執專注，不易爲別人和外部環境所動，爲實現目的會不惜一切代價。

• 手足不協調的人

走路時，雙足行進與雙手擺動極不協調，步伐忽長忽短、時快時慢，讓人看了極不自在。這種人生性多疑，對什麼事都小心翼翼，瞻前顧後，責任感不強，做事往往有始無終，遇到困難就會選擇逃避。

・雙足內斂或外撇的人

這種人走路時雙足內斂或外撇，成八字狀，走起路來用力而急促，但是上半身卻維持不動。

這樣的人不喜歡交際，認為那是無聊的人才做的事情，不願意為此浪費時間和精力。他們通常頭腦聰明，做起事來總是不動聲色，常常給人意外的驚喜，但由於有隱藏的性格傾向，知心朋友並不是很多。

・心不在焉的人

因為心不在焉，所以走路步調混亂，沒有固定姿勢可言，有時雙手放進褲袋，雙臂夾緊；有時雙臂擺動，挺胸闊步。這種人的性情通常較為隨和，豁達大方、不拘小節，慷慨有義氣，可以成為好朋友，但與人爭執時，偶爾會誇大其詞，而且不肯讓人。

・落地有聲的人

走路時胸膛挺起，舉步快捷，雙足落地時發出清晰的聲響，一副精神煥發的樣子。這種人志向遠大，積極進取，對未來充滿著美好的憧憬，而且理智與感情並重，做事有條不紊，規規矩矩。這類型的人心無城府，坦率真誠，想什麼就說什麼，人際關係頗佳。

・文質彬彬的人

走起路來不疾不緩，雙足平放，雙手自然擺動，不忸怩作態。這種人性格溫順、保守，沒有遠大理想，喜愛平靜和一成不變。他們喜歡維持現狀，但遇事冷靜沉著，不輕易動怒。

・橫衝直撞的人

走路飛快，不管是在擁擠的人群當中，還是獨自一人，一律橫衝直撞，從來不顧及他人的感受。這種人性情急躁，做事風風火火，但坦率真誠，喜歡結交朋友，不會輕易做出對不起朋友的事。

・猶疑緩慢的人

走路時彷彿身處沼澤地似的，舉步緩慢，躊躇不前。這種人性格軟弱，行事謹慎，遇事總是思考再三，絕不冒險邁出第一步，結果往往錯失良機。不過，這樣的人憨直可愛，胸無城府，重視感情。

・慢悠悠走路的人

走起路來總是悠哉遊哉的，好似無所事事的樣子。這種人大多性格和緩，不喜歡與人競爭，凡事順其自然，沒有太高的追求，缺乏進取心。

・裝模作樣的人

走起路來左右搖擺，一副弱不禁風的樣子。這種人好故弄玄虛、裝模作樣，一遇到難題，不是推卸轉移就是不了了之，還不允許別人有半點對不起他們。這種人為人奸詐虛偽，善於阿諛奉承，往往導致事業、愛情和生活上的失敗。

• 連蹦帶跳的人

走起路來手舞足蹈、一步三跳且喜形於色。這種人一看就知道沒什麼心機，對朋友能夠坦誠相待，不會隱藏自己的心思，雖然做事粗心大意、丟三落四，但慷慨好施、不求名利與享受、安分守己，因此人緣極好，朋友也不少。

每個人獨特的走路姿勢可說是具象的肢體語言，掌握了走路姿勢這門肢體語言，就等於掌握了更多的訊息，增強社會生存能力。

從笑的動作與方式閱讀人心

笑，雖只有聲音而沒有語言，但笑的表情和姿態與人的性格卻有著很大的關聯，從中就可讀出隱藏在其背後的諸多「語言」。

有一種運動可以帶動臉部的全部肌肉，這種運動就是「笑」。在喜怒哀樂的表情變化中，喜與樂的最直接表現就是笑。

笑，是一個人心情的具體呈現，雖只有聲音而沒有語言，但笑的表情、姿態，與性格、心理狀態卻有著很大的關聯，從中就可讀出隱藏的諸多「語言」，識別一個人的內心和性格。

• 捧腹大笑的人

這種人性格豪爽，心胸開闊，不勢利，不欺軟怕硬，爲人正直。別人犯錯時，他們會給予最大限度的寬容和諒解；別人有所成就時，他們也不致產生嫉妒心理，會誠心地爲對方喝采。

這種人不但有幽默感，能在不經意間給周圍的人帶來歡樂，還極有愛心和同情心，在力所能及的範圍會經常幫助別人。

• 平時沉默寡言，笑起來卻一發而不可收拾的人

有些人平時看起來木訥，但笑起來時卻往往一發而可收拾，甚至笑到連腰都直不起來。這種人直率、眞誠，重義氣、重感情，他們剛開始與陌生人交往時，往往表現得比較冷淡，給人不容易親近的印象，一旦成爲朋友，他們就會非常重視這份情誼。

• 笑的幅度非常大，全身都在晃動的人

這種人性格直率，爲人可靠，待人眞誠，不喜歡隱瞞自己，如果朋友有缺點，

他們也會毫無顧忌地指出來，不會因為怕得罪人而睜一眼閉一眼。另外，這類型的人心地善良，非常有愛心，如果朋友有困難，只要是在自己能力範圍之內，一定會伸出友誼之手。不足之處在於過分坦率，往往得罪了人卻不知道。

・經常悄悄微笑的人

這種人除了性格比較內向、害羞以外，還有一種性格特徵就是心思非常縝密，很善於隱藏自己，不會輕易將真實的想法透露給別人。此外，這種類型的人頭腦異常冷靜，不管在任何時候都能以局外人立場，客觀地觀察事情的動態，做出客觀的決定。

・只是微笑，但並不發出聲音的人

這種人內向而且感性，性情比較低沉和抑鬱，情緒化傾向比較嚴重，極易受他人的感染。他們有浪漫主義傾向，並且會尋找可以製造浪漫的機會。這樣的人性情比較溫柔、親切，給人很舒服的感覺，善於與人相處。

．小聲竊笑的人

這種人的性格內向、傳統、保守，爲人處世方面也顯得有些靦腆，但卻是能與朋友共患難之人。缺點是他們對別人的要求往往很高，如果達不到要求，很容易發脾氣，影響自己和別人的心情。

．看到別人笑就會跟著笑

不管好不好笑，看到別人笑就跟著笑，這樣的人大多樂觀開朗，積極向上，且富有同情心，但容易情緒化，心理波動幅度較大。

．笑的時候用手遮住嘴巴

這種人性格內向、害羞、溫柔，但城府較深、疑心較重，對任何事物都持懷疑態度，不輕易相信人，更不會輕易向他人吐露自己內心的眞實想法，即使是很要好的朋友。

另外，這種人通常心理壓力非常大，常常胡思亂想，注意力不能集中，容易被一些雞毛蒜皮的小事擾亂心智。

•開懷大笑，笑聲爽朗的人

這種人多半坦率、真誠而又熱情，是行動主義派，一件事情決定要做，馬上就會付諸行動，非常果斷和迅速，絕對不會拖泥帶水。這類型的人雖然表面上看起來很堅強，但內心卻是極其脆弱的。

•笑起來斷斷續續，笑聲讓人聽起來很不舒服

這種人的性情大多是比較冷淡和漠然的，比較重視現實和實際。這樣的人觀察力相當敏銳，能察覺到他人心裡在想些什麼，然後投其所好，伺機行事。

•笑出眼淚的人

經常笑出眼淚的人，感情多是相當豐富的，具有愛心和同情心，生活態度積

極樂觀，有一定的進取心和取勝慾望。他們可以幫助別人，並適當地犧牲一些自我利益，而且不要求回報。

・笑不可止的人

這種人性情開朗、活潑，從不掩飾自己的喜怒哀樂，不拘小節，跟別人交談時毫無顧忌，想到什麼就說什麼，十分直爽。他們喜歡幫助人，以助人爲快樂之本，能贏得身邊人的喜歡。

・笑聲尖銳刺耳的人

這樣的人大多具有冒險精神，且精力比較充沛。他們的感情比較細膩和豐富，生活態度積極樂觀，爲人也顯得忠誠和可靠。

・笑聲低緩的人

一般說來，這類人多愁善感，愛幻想，比較浪漫，但待人眞誠，沒什麼心計，人緣很好。但由於缺乏主見，無論是情緒還是行爲都極易受他人的影響，對事物的分析和鑑別能力也較差，容易被有心之人迷惑。

• 笑聲柔和的人

這種人往往性格沉著穩重，處事有條不紊，即使出現意料之外的事也能保持冷靜。他們的原則性很強，絕不會幹那些偷雞摸狗、損人利己的勾當，並且善於協調各種關係，化解矛盾和糾紛，能夠站在別人的立場上考慮問題。這類人如果當領導者的話，一定非常出色。

• 笑時不張嘴的人

這種人屬於內向型性格，善於掩飾自己感情，不時帶著強烈警戒心，避免他人洞察自己的眞心，通常不會開口發笑。

• 發出「吃吃吃」笑聲的人

這種人對自己非常嚴格，想像力豐富，創造性也很強，常常會有一些驚人的舉動。而且，他們也很有幽默感，這種笑聲是聰明和智慧的自然流露。

・發出「哈哈哈」笑聲的人

這種人體力充沛，為人不拘小節，忽冷忽熱，做事絕對不會拖泥帶水。不過，這種笑聲往往帶有威壓感，會震懾他人，使人心生警戒。女性若有是這種發笑，一般具有很強的組織及領導能力。

・發出「嘿嘿嘿」笑聲的人

當一個人對他人帶有批評或輕蔑的心態時，常會發出這種笑聲。這種人通常內心有些不安和煩惱，或帶有攻擊性，希望藉此壓抑對方以獲得快感。

・發出「嘻嘻嘻」笑聲的人

這種人好奇心很強，凡事都想一試，非常渴望博得周遭異性的好感，而且這種心態隨時表現在臉上。會發出「嘻嘻嘻」笑聲的人，情緒時高時低，愉快與鬱悶時的落差極大。

- 笑聲過大的人

這種人乍看之下喜歡表現自己，行事顯得有些張揚。但實際上，他們內在性格冷靜，處事非常謹慎。

- 笑而露齒的人

這種人開朗、活潑，屬於典型的「樂天派」。好奇心強，大膽而開放，日常生活中比較隨便，在兩性關係上的態度也是如此，顯得有些輕浮。

- 笑的時候表情拘謹

笑的時候很緊張，時不時地看看別人，生怕自己笑得不是時候，看到別人繼續笑時，自己才笑。這類人自尊心強，非常重視別人對自己的看法，但缺乏自信心，凡事顯得拘謹。

・笑從鼻子裡哼出來的人

這種人往往性格靦腆，爲人謙虛，不張揚，待人周到體貼，很重視他人的感受，頗受朋友的歡迎。這樣的人做事有原則，不會魯莽行事。

・笑的時候高抬下巴，表情輕蔑

這類人往往自傲自大，瞧不起除了自己以外的任何人。其實，這是他們缺乏自信心的一種表現，試圖透過這種舉動壓低他人、抬高自己。

・不同的場合發出不同笑聲的人

這種人適應環境的能力很強，個性也比較現實，有很強的社交能力，能夠隨機應變。他們善於營造出和外界環境相符的氣氛，讓自己融入其中，有他們在的場合，氣氛大多比較融洽，在交際場合非常受歡迎。

從小動作看出心理波動

每個人的舉手投足都反映了其心理和性格，尤其是那些不經意間下意識的小動作，更能真實的表現出一個人內心的心理波動。

行爲心理學家認爲，每個人的舉手投足都一定程度反映了自身的心理和性格。正因爲如此，平時我們可以透過一個人的一舉一動透視他內心的變化，尤其是那些不經意出現的小動作，更能眞實表現出一個人內心的心理波動。

・時常搖頭晃腦

日常生活中，我們常會用「搖頭」或「點頭」來表示自己對某件事情持肯定或否定的態度，但如果一個人沒事卻經常搖頭晃腦的，一般人或許會認爲他不是得了「搖頭病」，就是精神有問題。

其實，從行爲心理學的角度來看，這是一種對自己特別自信，甚至唯我獨尊的表現。

這類人雖然也會拜託別人幫忙做事，但很多時候即使別人做得再好，他都不會覺得滿意，因爲他有自己的一套做事方式，請別人幫忙，不過是想從別人做事的過程中獲取啓發或靈感而已。

他們在社交場合很會自我表現，因此常遭致別人反感，但他們對事業一往無前的精神倒是很令人欣賞。

• 邊說邊笑

與這種類型的人交談會讓人覺得非常輕鬆愉快，因爲他們的「笑神經」特別發達，不管自己或別人說的話是否有趣都會發笑，有時甚至連話都還沒講完，就笑起來了。

這類人大多性格開朗，對生活要求不太苛刻，懂得「知足常樂」，而且特別富有人情味，無論走到什麼地方總是有極好的人緣。這對他們開拓事業本來是極好的條件，可惜這類人多半喜愛平靜的生活，缺乏積極向上的精神。

這類人的另一個特點是對於感情相當專一，對愛情和親情特別珍惜，但容易感情用事。

・擠眉弄眼

這種人不管是在兩人世界還是大庭廣衆之下，都習慣擠眉弄眼。

這種人言行輕浮，缺乏內涵修養，在戀愛和婚姻上也總是喜新厭舊。

不過，這類人特別會處理人際關係，儘管他們略顯自戀，但卻擅長掩蓋本身的缺點。在事業上，他們善於捕捉機會，深得上司的賞識。

・腿腳抖動

喜歡抖腳的人，不管任何時候，總喜歡用腳或腳尖使整個腿部顫動，有時候還會用腳尖或者以腳掌拍打地面。有這種習慣的人最明顯的表現就是自私，凡事都從利己出發，很少考慮別人，對別人很吝嗇，對自己很大方。

不過，這種人很善於思考，見解獨到，經常能給周遭朋友提出一些意想不到的建議。

・邊說話邊打手勢

與人談話時，有些人只要一動口，一定會伴隨著一些手部動作，如拍打掌心、伸出拳頭、擺動手指、攤開雙手等等，以此強調自己的說話內容。

這種人做事果斷、雷厲風行、自信心強，不管在任何場合，都習慣於把自己塑造成一個領導型人物。這類型的人，性格大都屬於外向型，對朋友真誠，但不會輕易把別人當成知己。

・拍打頭部

這個動作大多數時候是在表示懊悔和自我譴責。

雖然同樣拍腦袋，但仔細觀察就會發現，不同的人拍打腦袋的部位有所不同，有的拍後腦勺，有的拍前額。

習慣拍打後腦勺人，比較冷酷、苛刻，不太注重感情，理性思維能力較強，愛利用別人，而且一旦對方失去了利用價値，就會把他一腳踢開，因此人緣不好。但這類人比較聰明，思想獨特，做事有主見，勇於創新，積極開拓，對新事物有大膽嘗試的精神。

習慣拍打前額的人坦率、眞誠，富有同情心，樂於助人，凡事會多替朋友著想，絕不會在朋友之間耍心計。這種人心直口快，心裡藏不住秘密，因此常常被人誤會，不過他們並沒有歹意。

・觸摸頭髮

經常時不時地抹抹自己頭髮的人，大多個性鮮明而又突出，愛恨分明，對於是非善惡總是分得清清楚楚。

這種人很善於思考，能夠透過生活中的某些細節尋找和製造機會，以發展和完善自己。他們具有一定的膽識和魄力，喜歡拼鬥和冒險，勇於去做別人不敢做的事，不在乎事情的結局。此外，他們也特別會處理人際關係，很容易贏得人心。

・抹嘴、捏鼻

習慣於抹嘴、捏鼻的人，愛好譁眾取寵，喜歡捉弄別人，卻又「敢做不敢當」。這種人沒有主見，很容易受人支配。

・喜歡躲在角落

有一種人，不管在什麼地方，都喜歡躲在角落裡，這種類型的人有著自卑心理，參加各種會議或聚會，總是找最偏僻的角落坐下。

這種人性格有些執拗，喜歡跟別人唱反調。要調動這種人工作積極性的唯一辦法就是表揚他們，讓他們感覺到自己還是有很多長處和優點。

通常，這類人思維敏捷，口語表達能力不強，但書面表達能力相當不錯。

・掰手指節

習慣於旁若無人把自己的手指掰得咯嗒咯嗒響的人，不但精力旺盛，非常健談，還喜歡賣弄，常依仗自己的才識及思維邏輯能力，將別人的話或文章評論得一無是處。

這類人對事業、工作的環境很挑剔，但如果是他們喜歡做的事，則會不計較任何代價，踏實努力地去完成。

•雙臂合抱

面對陌生人的時候，有些人會雙臂合抱的姿勢，特別是在公開集會上，排隊或電梯裡，以及使人感覺不自在、不安全的場合。因爲雙手往胸前一抱，就構成了一道阻擋威脅或不利情形的有利屏障。

習慣做這種動作的人，往往神經緊張、極度消極，有時甚至充滿敵意。

這種姿勢不僅是一種防禦性的姿勢，還代表對眼前的人有排斥感。日常生活中與他人交談時，若看到對方雙臂緊抱胸前，就應該意識到對方不同意自己說的話。這時，儘管對方嘴裡表示贊同，但你如果還堅持原來的論點，繼續講下去將毫無意義。

．死死地盯住別人

這種人的特點是，與別人談話時目不轉睛地看著別人，在聚會上也常常盯住別人不放。

這種人的支配慾特別強，大多數的時候，他們確實又都有某種優勢，因此只要有機會，他們就會向別人顯示自己。他們的行爲時常看起來很不禮貌，但有一點値得肯定，他們選定了人生的目標就一定會去努力。

這種人不喜歡受約束，通常我行我素。

．常常低頭

時常低頭的人個性拘謹、內斂，不論什麼場合都不會突顯自己。這種人處事愼重，交朋友也很謹愼，討厭過份激烈、輕浮的事，屬於孜孜不倦勤勞型。

尾。

・雙手插在口袋裡

兩腳自然站立，雙手插在口袋裡，時不時把手伸出來又插進去的人，性格比較謹慎，凡事想的比做的要多。正由於想太多，做事瞻前顧後，行動往往畏首畏尾。

這種人沒有承受失敗的良好心理素質，容易心灰意冷，怨天尤人。

一個人內在的性格和心理會透過外在的語言和肢體動作表現出來，雖然有的人不願讓人看穿內心的秘密，常常掩飾自己的言行舉止，但是不經意間形成的習慣動作還是會「洩露」出內心的秘密。所以，仔細認真地觀察一個人習慣性的肢體動作，你就會發覺隱藏於其中的玄機。

PART 2.

從言談中解讀心理密碼

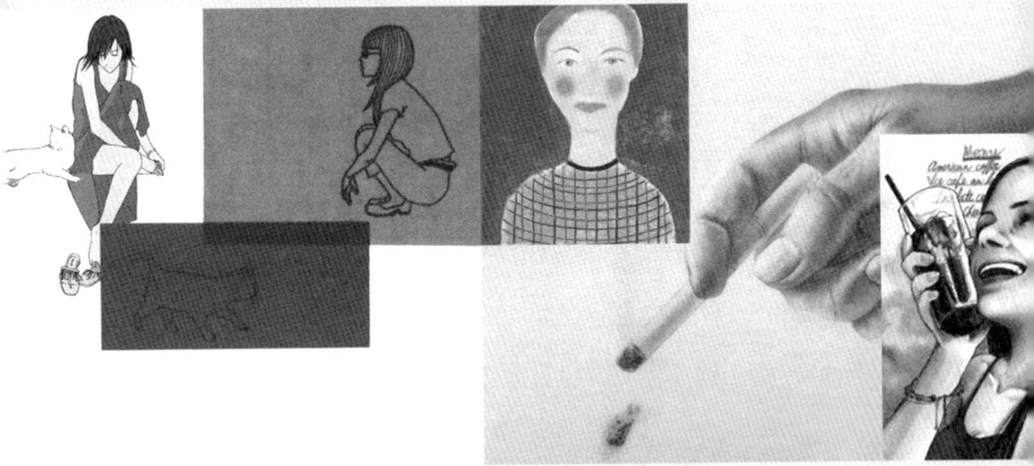

一個人的言談實際上就是內心活動的直接反映，
可以表現出一個人的態度、感情、
意見以及心理上的波動。
透過言語，就可以解讀他人的心理密碼。

嘴巴動作反映一定的心理活動

嘴巴就算不出聲也會「說出內心的話」。嘴部的無聲語言遠遠超過了有聲語言的作用，可以一言不發地「告訴」你一個人的心思與性格。

嘴巴對於人而言，重要性不言而喻。人透過嘴巴把食物送到腸胃裡，也透過它與外界進行溝通和交流。

就人際交往而言，嘴巴不僅僅會表達有聲的語言，同樣可以表達豐富的肢體語言。當一個人心理活動有所變化的時候，嘴巴也會做出相應的動作，所以行爲心理學家說嘴巴不出聲也會「說出內心的話」。

觀察一個人的臉部表情，絕不能忽略嘴巴，因爲嘴巴也是情緒表現的重要工具之一。嘴巴基本上有四種運動方式：張開閉合、向上向下、向前向後、抿緊放鬆，這些豐富的嘴部動作都能反應出一個人的性格特徵和心理態度。

嘴部常見的動作很好解讀，如果嘴巴張得大大的，表示這個人處於極度震驚或者詫異之中。如果是無意識地微微張開嘴巴，表示這個人正專注於某件事情中。微笑是放鬆的表現，打哈欠是無聊和睏倦的表現，咬指甲是緊張、焦慮的反應。

此外，還有一些嘴部動作很迅速、幅度很小，稍不留意就會錯過。下面，我們就來看看如何從嘴巴的動作中讀出一個人的心理活動。

首先，從一般嘴角弧度變化來分析一個人的性格：

• 下嘴唇往前撇

下嘴唇往前撇的時候，說明這個人對於接受到的外界訊息，持不相信的懷疑態度，並且希望能夠得到肯定的回答。

• 嘴唇往前噘

嘴唇往前噘的時候，說明這個人的心理可能正處在某種防禦狀態。

• 嘴角向後縮

交談時，如果有人嘴角稍稍向後縮，說明他對談話的內容很感興趣，正集中注意力傾聽。

• 嘴角下撇

這種人性格內向，固執刻板，不愛說話，很難被說服。

• 嘴角上挑

這種人性格外向，機智聰明，能言善道，善於和陌生人主動打交道，並快速地進行親切的交談。他們胸襟開闊，豁達隨和，有包容心，有著非常良好的人際關係，遇到困難的時候常常能夠得到他人的支持與幫助。

• 用牙齒咬嘴唇

有些人與人交談時，會有上牙齒咬下嘴唇、下牙齒咬上嘴唇，或是雙唇緊閉的動作，這表明他們正聚精會神地在聆聽對方的談話，同時也在心中仔細揣摩話中的含義。

這種人大多具有很強的分析能力，遇事雖然不能迅速地做出決斷，一旦形成決策，則往往非常嚴謹，滴水不漏。

・偶爾用手捂住嘴巴

這種人屬於靦腆型之人，非常容易害羞，特別是在陌生人或關係一般的人的面前更是沉默少語，一言不發。

保守和內向是這類人的性格特徵，與人進行交往的過程中常存戒心，除了極力掩藏自己眞實的感受，同時也不喜歡把自己暴露在衆人面前。他們的這個動作有時候類似吐舌頭所表達的意思，表示意識到自己說錯了話或做錯了事。

・嘴巴抿成「一」字形

有些人在需要做出重大決定，或事態緊急的情況下常會出現這樣的動作。這種人性格堅強，面對困難時想到的是如何戰勝而不是臨陣退縮，具有不達目的誓不罷休的頑強韌性。

這樣的人無疑是倔強一族，一旦經過深思熟慮之後決定要做的事情，任誰也阻擋不了，而且抱有不管付出多少都不放棄的心理，往往能出色圓滿地達成目標。

・經常舔嘴唇

人感到興奮、不安的時候，唾液腺分泌會明顯減少，出現嘴唇發乾現象。經常舔嘴唇的人很可能壓抑著內心因興奮或緊張所造成的波動，因此常口乾舌燥地喝水或舔嘴唇。

嘴巴動作中最典型的是笑，這是人類最美麗的動作，也是最能觀察對方情緒的一個動作。不同的人有著不同的笑法，嘴部的動態也會有所差異。

• 狂笑，嘴兩端猛向上方翹

這類人精於社交，性情溫和，樂於助人，能讓對方感到親切，具有冒險精神和積極的作風，善於處理繁雜事務，越繁雜反而越覺得有趣。

• 開口大笑，嘴兩端成平行

這類人性格粗獷，不拘小節，行爲大方，但缺乏耐性，一遇到困難往往選擇退縮，讓人有做事虎頭蛇尾的感覺。

• 微笑，嘴兩端稍下垂

這類人性格內向，不善言語，與人交流存在一定的困難，但注意細節，喜歡對對方言語進行分析；做事時常半途而廢，很難達成願望。

• 瞇著眼笑，笑時嘴兩端向下，幾乎不開口

這類人性格倔強固執，對周圍人不夠坦誠，雖然性情還算和氣，一旦不悅就會大發脾氣。他們多才多藝，有理想、抱負，但不善於與人合作行事，屬於單打獨鬥型。

嘴部的無聲語言遠遠超過了有聲語言的作用，可以一言不發地流露一個人的心思與性格。當然，想透過嘴部的動作解讀對方，還要對肢體語言有更深入的理解，只有這樣才能進一步提高自己的讀心能力。

從言談聽出對方的「弦外之音」

言談是一個人品性、才智的外露，透過言談和聲音，能夠從人的慾望、抱負和經驗分析上進一步瞭解一個人，從而達到窺探對方的內心世界的目的。

一個人心中的意思，往往會從話語之中流露出來，想瞭解別人的內在心理，就必須用心去洞察。

透過言談探索對方的深層心理，方式有兩種：一是根據話題內容來推測對方的心理；二是根據談話方式洞察對方的深層心理，瞭解對方的個性特徵。

要瞭解對方的性格和內心動態，最容易著手的辦法，就是觀察話題和說話者本身的相關情況。

言談話語是瞭解人的重要途徑，但是，一般人通常有種錯誤的想法，認為只要從彼此談話的內容，就能知道對方的興趣和關心的事物。事實上，人類的心理問題並不見得如此簡單，要想透過言談去瞭解一個人的性格特徵和內在心理，就要從談話姿態和話題上入手。

分析判斷一個人的言語，是洞察心理奧秘的有效方法。

言語是情感的表達，是思想的外在表現形式，大部分時候，借助語言的力量，人們才得以把自己內心的見解和心理活動狀態呈現出來，所以我們可以從一個人的言談中窺探他的眞實想法。

如果一個人說不清楚他想要表達的意思，卻露出誠懇可信的神色，那麼他之所以說不清楚，是因為不擅於口頭表達。如果一個人說話時，語氣非常愉快，但是臉上卻沒有相對應的神色，那麼他的話就是違心之語。

如果一個人話還沒說出口，已經怒氣沖沖了，那麼心裡一定是非常憤怒的。如果說話時斷斷續續，但是憤怒的神色顯而易見，那麼他無疑是在強行忍耐。

以上這些不同種類的情況，說話者的眞實心理已經顯示出來了，即使他想掩飾，別人從他的神色上也能看出來。

言談是一個人品性、才智的外露，透過言談和聲音能夠從人的慾望、抱負和經驗分析上進一步瞭解一個人。

下面的幾點是透過察言而洞察人心的具體辦法：

• 在正式場合中發言或演講，一開始時就清喉嚨的人，大多處於內心緊張或不安狀態。

• 說話時不斷清喉嚨，改變聲調的人，說明內心存在著某種焦慮。

• 有的人清喉嚨，則是因為對問題遲疑不決，需要繼續考慮，一般有這種行為的男人比女人多，成人比兒童多。兒童緊張時一般是結結巴巴，或吞吞吐吐地說「嗯」、「啊」，也有的會習慣性地反覆說「你知道……」

• 故意清喉嚨則是對別人的警告，表達不滿的情緒，意思是說：「如果你再不聽話，我可要不客氣了。」

- 口哨聲有時是瀟灑或處之泰然的表示，但也有些人會以此虛張聲勢，掩飾內心的惴惴不安。
- 內心不誠實的人，說話聲音支支吾吾，這是心虛的表現。
- 內心卑鄙乖張的人，心懷鬼胎，聲音會陰陽怪氣，令人不舒服。
- 心中別有企圖的人，說話時常有幾分愧色。
- 情緒起伏之時，就容易有言語過激之聲。
- 內心平靜的人，聲音也會心平氣和。
- 心內清澈之人，言談自有清亮和平之音。
- 誣衊他人的人，說話閃爍其詞；沒有操守的人，言談吞吞吐吐。
- 內心浮躁的人，說話總是喋喋不休，沒完沒了。
- 心中有疑慮，心思不定的人，說話總會模稜兩可。
- 善良溫和的人，話語總是不多。
- 內心柔和平靜的人，說話總是平柔和緩，極富親和力。

聲音是人的第二種表情

聲音與說話者當下的心理活動密切相關，具有濃厚的感情色彩，與個人的特性也息息相關。

聲音是人的第二種表情，會給對方留下深刻印象。有些人的聲音輕緩柔和，有些人的聲音帶有沉重威嚴感……人的聲音，就像人的心性、氣質一樣，各不相同。透過不同聲音，同樣可以透視一個人。

行爲心理學家認爲，聲音會表現性格、人品，有時也是探究個人心理狀態的線索。當從臉部表情、動作、言詞用語都無法掌握某個人的心理時，不妨從聲調揣摩他喜怒哀樂情緒變化。

從生理學和物理學的角度看，聲音是氣流衝擊聲帶，聲帶受到振動而產生的，這既是一種生理現象，又是一種物理現象。但不同於其他動物，人的聲音有著精神和氣質方面的特性。

人的聲音各有不同，有的洪亮，有的沙啞，有的尖細，有的粗重。此外，聲音又與說話者當下的心理活動密切相關，具有濃厚的感情色彩，聲音的大小、輕重、緩急、清濁都會隨著情感化而出現變化，與個人的特性也息息相關，所以，從一個人發出的聲音，往往能分辨他的心理和性格。

- 說話輕聲細語的人

這類人爲人處世比較小心和謹慎，說話措詞非常文雅而又顯得謙恭有禮，對待他人一般情況下都相當尊重及寬容，不會刻意爲難、責怪他人。他們會採用各種方式縮短與他人之間的距離，讓彼此之間的關係更密切，儘量避免一些不必要的麻煩產生。

- 說話聲音和緩的人

這類型的男性大多誠實厚道，胸襟開闊，有一定的寬容力和忍耐力，能夠吸取他人的意見和建議，但同時又有自己獨到的見解。他們富有同情心，能夠關心和體諒他人。

這類型的女性則大多溫柔、善良、善解人意，但有時候會過於多愁善感，個性較為柔弱。

• 說話高聲大氣的人

這類型的人性格比較粗獷豪爽，脾氣暴躁易怒，容易激動，但為人耿直、真誠，說話非常直接，有什麼就說什麼，不會拐彎抹角繞圈子。

這類型的人多半容不得自己受一點點委屈，會據理力爭。他們有時會充當急先鋒，但常常被別人利用而不自知。

• 說話哀聲歎氣的人

這類人有比較強的自卑心理，心理承受能力比較差，遭遇到挫折、失敗，就會喪失信心，顯得沮喪頹廢，甚至一蹶不振。

這類型的人從來不會認眞思考自己失敗的原因，總是不斷地找各種理由和藉口爲自己開脫，然後安慰自己。他們時常哀歎自己的不幸，也會以他人的不幸來平衡自己。

•聲音高亢尖銳的人

說話聲音高亢尖銳的女性，一般較神經質，往往情緒起伏不定，對環境的反應很敏感，常會因一點小事而傷感情或勃然大怒；對人的好惡感也極爲明顯，會輕易說出與過去完全矛盾的話，但自己卻毫無感覺。

這種人富有創意與幻想力，有明顯不服輸的性格，討厭向人低頭，說起話來總是滔滔不絕，而且常向他人灌輸自己的意見。面對這種人，不要予以反駁，表現謙虛的態度即可使她們深感滿足。

發出高亢尖銳聲音的男性，個性狂熱，容易興奮也容易倦怠。這種人對一見鍾情的女性會直白表明自己心意，往往令對方大吃一驚。

聲音高亢的男性從年輕時代開始，就擅長發揮本身的個性，往往能掌握讓自己成功的機運。

・聲音溫和沉穩的人

這類人往往具有長者風範，考慮問題比較深入，做事慢條斯理，按部就班。他們具有很強的耐力，一旦確立目標，就會紮紮實實地堅持到底，不達目的絕不罷休。與這類人交往，開始的時候可能會覺得有些困難，但時間長了就能感覺到他們的可靠。

如果是女性，性格比較內向，具有愛心，當別人有困難的時候會及時伸出援手，能夠體諒他人，甚至可以爲他人做出一些犧牲。

・聲音沙啞的人

聲音沙啞的女性大多外柔內剛，很有個性，但她們往往很會僞裝，表面上對任何人都親切有禮，實際上不會輕易暴露出自己的內心，因此令人覺得難以捉摸。

她們雖然常受同性排擠，卻容易獲得異性的歡迎。面對這種類型的人，必須注意不要強迫灌輸自己的觀念。

說話聲音沙啞的男性，往往具有極強的耐力和行動力，富有冒險精神。即使一般人裹足不前的事，他們也會卯足勁往前衝，而且不怕挫折，越挫越勇。缺點是，這類型的人個性有些霸道，容易自以爲是，對一些看似不重要的事常掉以輕心。

・聲音粗而沉的人

說話之時聲音粗而沉的人，不論男女都具有樂善好施、喜愛當領導者的性格。這種人屬於「好動型」，在室內待不住，喜歡四處活動，因此交友廣泛，能和各式人等往來。

這類型的女性極好相處，因此在同性間人緣較好，容易受衆人信任，成爲大家討教的對象。至於這類型的男性，有強烈正義感，容易衝動，常爲爭吵或毅然決然的舉止而懊悔不已。

・聲音嬌滴滴而黏膩的人

說起話來嗲聲嗲氣，發出帶點鼻音而又聲音黏膩的女性，往往心浮氣躁，善於編造謊言。

這種女性具有極端渴望受到衆人喜愛的心理，但有時過於希望博得他人好感，反而招人厭惡；如果是成長於單親家庭，則表明內心期待著年長者溫柔的對待。

若是男性發出這樣的聲音，多半是獨生子或從小就嬌生慣養。這種男性獨處時常感到寂寞，碰到必須自己決定的事情時，往往會迷惘而不知所措，給人優柔寡斷的感覺。

這種男性對女性非常含蓄，絕不會主動發起攻勢，若是單獨和女性談話，就會顯得特別緊張。

說話方式反映真實想法

說話方式可以在一定程度上反映一個人的內心世界。聆聽一個人說話時的速度、音調、韻律，就能看透心理、氣質與性格。

一般來說，一個人的情感或心理，會經由說話的方式流露，只要仔細揣摩，便能覺察一二。

・說話的速度

說話速度快的人，大都能言善辯；說話速度慢的人，則較為木訥。這是每個人固有的特徵，因人的性格與氣質而異。

要是平時能言善辯的人，忽然結結巴巴說不出話來，或是平時木訥寡言的人，卻突然滔滔不絕地高談闊論，代表他們心中藏著秘密，一定得注意他們到底懷有什麼動機。因爲會出現前後說話方式不同，肯定暗藏玄機，千萬不可等閒視之。

一般而言，如果對某人心懷不滿，或者抱持敵意態度時，說話的速度就會變得比平常緩慢。相反的，如果有愧於心，或者想要撒謊時，說話的速度就會變得比平常快。

之所以出現種情形，是因爲當一個人的內心懷有不安或恐懼情緒時，就會希望藉由快速的談吐，讓隱藏於內心深處的不安或恐懼得到解除。但是，由於沒有充分的時間可以冷靜考慮，因此說出來的話內容十分空洞，愼重精明的人，馬上就可窺知對方的心理處於不安狀態。

• 說話音調

同樣的話，由甲說出口，我們會很樂意接受，但換成由乙來說，我們可能就不願接受，甚至心生牴觸情緒。

爲什麼會出現截然不同的兩種情況呢？

這是因爲說話的音調比內容更重要。

行爲心理學學家說：「當一個人想反駁對方意見時，最明顯的特徵就是拉高嗓門，提高音調。」

這是因爲，一般人總是希望藉著提高音調來壯大聲勢，試圖壓倒對方。音調高的聲音，被視爲精神未成熟的象徵，是任性的表現形態之一。一般而言，年齡越高，音調會相對降低，而且隨著精神層面逐漸成熟，更具備了抑制「任性」情緒的能力。

有些人說話的音調特別高，說明他們無法抑制情緒，在這種情況下，當然也絕對無法接受別人的意見。

• 語言本身的韻律

從言談的韻律也可以看出一個人的性格特徵。充滿自信的人，談話的韻律爲肯定語氣；缺乏自信或性格軟弱的人，說話的韻律則慢慢吞吞。

有人喜歡講話講一半時說：「不要告訴別人……」然後壓低聲音說話。這種情況多半是秘密談論他人閒話或缺點，但是，內心卻又希望傳遍天下的情形。

有的人說起話來沒完沒了，講了好久之後才停下來，說明心中潛在著唯恐被打斷話題的不安，才會像老太婆一樣喋喋不休。

說話的節奏給人緊張、壓迫的感覺的人，多半自負自傲，自我意識強烈，常常自以爲是，不肯輕易接受別人的意見、建議。這樣的人缺乏耐性，不會關心和體諒他人，遇到事情往往更傾向於用武力解決問題。

說話緩慢的人，則給人一種誠實、誠懇，深思熟慮的感覺，但有時也會顯得猶豫不決，漫不經心，甚至是悲觀消極。

口頭禪也會洩露心理秘密

若想透過口頭禪觀察、瞭解和判斷一個人的心理，需要在生活和人際交往中仔細、認真地揣摩、分析，才會收到良好的效果。

日常生活中，很多人說話時常無意間大量使用某些固定詞彙，這些詞彙即爲「口頭禪」。

口頭禪是由於習慣而逐漸形成的，具有鮮明的個人特色，最能體現一個人眞實心理與個性特點，可以透過它對一個人進行觀察和瞭解。

- 經常使用「隨便」的人：大多性情比較隨和，生活習慣有點馬虎。「隨便」慣了，常會讓人覺得沒有主見、沒有誠意。

●經常使用「絕對」的人：武斷的性格顯而易見，他們不是太缺乏自知之明，就是自信心太強烈了。

●經常連續使用「果然」的人：大都自以爲是，強調個人主張，以自我爲中心的傾向比較強烈。

●經常使用「其實」的人：大多比較任性、倔強，有強烈的自我表現慾望，還有點自負。

●經常使用這個……那個……的人：說話做事都比較小心謹慎，不會隨便招惹是非，是個好好先生。

●經常使用「最後怎麼樣怎麼樣」之類辭彙的人：大多是潛在的慾望未能得到滿足。

●經常使用「確實如此」的人：多半淺薄無知，自己卻渾然不覺，還常常自以爲是。

●經常使用「我……」之類詞彙的人：不是軟弱無能想得到他人的幫助，就是虛榮浮誇，尋找各種機會強調自己，引起他人注意。

• 經常使用「真的」之類強調辭彙的人：多缺乏自信，唯恐自己所說的話可信度不高。可結果恰恰相反，往往會引起別人更加懷疑。

• 經常使用「應該、必須……」等命令式詞語的人：多專制、固執、驕橫，對自己充滿了自信，有強烈的主宰慾望。

• 經常使用「我個人的想法是……」、「是不是……」、「能不能……」之類辭彙的人：一般較和藹親切，待人接物時，也能做到客觀理智，冷靜地思考，認眞地分析，然後做出正確的判斷和決定。不獨斷專行，能夠給予他人足夠的尊重，反過來也會得到他人的尊重和愛戴。

• 經常使用「我要……」、「我想……」、「我不知道……」的人：思想比較單純，愛意氣用事，情緒不是特別穩定，有點讓人捉摸不定。

• 經常使用「我早就知道了」的人：有強烈的表現慾望，只能自己是主角，愛出鋒頭，對他人缺少耐性，很難做一個合格的聽衆。

- 經常使用「對啊」的人：自我意識和個性表現上都不強烈，人際關係也不錯，但是他們所說的「對啊」，很多時候並非心裡眞的這麼認爲，只是迎合別人的一種方式。
- 經常使用「所以說」的人：最大的特點是喜歡以聰明者自居，自以爲是，這種人很容易惹人討厭，自己卻不自知。

若想透過口頭禪觀察、瞭解和判斷一個人的心理，需要在生活和人際交往中仔細、認眞地揣摩、分析，才會收到良好的效果。

話題往往暗藏著心理秘密

話題屬於談話內容的範疇，言為心聲，所以你可以從對方對話題的關注程度中判斷出他是個怎樣的人，對什麼感興趣。

談話是我們生活中一項不可缺少的重要內容，在日常交流中，任何一件事物都可以成爲我們談論的話題。

話題是心理活動的間接反應，不論是初次見面或是相識已久的人，見面之時所談論的話題，往往是對方關心或嗜好的直接表現。一個人熱衷的事情，往往會出現在話題上，比如一個非常專注於工作的人，話題自然會集中在自己的工作上。

人際關係大師戴爾．卡內基就曾說：「兩人會面交談時，對方的話題常是關鍵所在，從話題與對方的切身關係中，最容易瞭解對方的性格與氣質。」

談話過程中，儘管談話者不會直接地透露出自己的心思，但隨著談話的進行，還是會在不知不覺間暴露出隱藏於內心的秘密。在與人談話的過程中，只要細心留意對方喜歡談論的內容是什麼，談話時神態和動作如何，就可以判斷對方是什麼樣的人。

‧喜歡談論自己的人

有的人交談時，喜歡談論自己的情況，包括自己的經歷、個性、愛好、家庭、對外界一些事物的看法、態度和意見等等。

這樣的人性格較為外向，感情鮮明而且強烈，主觀意識也較濃厚，愛公開表露自己的優點長處，有點虛榮心理，渴望別人能多關注自己、瞭解自己，更期望自己能成為眾人談話的焦點。

與此相反，如果一個人不愛談論自己的情況，說明這種人性格較為內向，對事物的看法觀點並不鮮明，主觀意識也比較淺薄。這樣的人個性保守，不太愛表現自己，多少帶有自卑心理。但相對的，這種人也可能只是表面上顯得很含蓄，其實城府很深。

• 喜歡談論他人私事的人

有一類人很喜歡與人談論別人的私事，甚至以隱私作爲話題，滔滔不絕評論，而且多以貶低、批判爲主。

這種人往往具有強烈的支配慾，但又缺乏領導能力，因此希望透過談論他人，尤其是他人的隱私、醜事來獲取心理上的優越感。一般來說，這種人內心多較空虛，沒有什麼知心朋友。

• 喜歡談論金錢的人

有些人不論談論什麼話題，都會不自覺地扯上金錢。這類人信心不足，缺乏理想，沒有什麼追求，只知道賺大錢是自己人生唯一的目標，對於別人事情根本漠不關心。

這樣的人，只要身上沒有足夠多的錢，他們就會感到惶恐與不安。

他們錯誤地認爲，自己身邊所有的人或事都是奔著錢去的。由此可知，這種人內心十分缺乏安全感，生活極爲乏味，即使擁有巨大的財富，也會爲財產安全感到不安，活得很不快樂，心靈很空虛。

• 喜歡談論國家大事的人

這種人看起來視野和目光比較開闊，具有長遠的目光和宏偉的規劃，而不是侷限在某些層面。但實際上，他們並沒自己想像中高明，大多數是人云亦云，只是想藉機表達自己的失落和不滿。

• 喜歡談論生活瑣事的人

這種人屬居家型和安樂型，很享受生活的舒適和安逸，不太喜歡競爭，平易近人。他們比較重視家庭，因此家庭關係及家庭生活往往處理得比較好。

• 喜歡散佈小道消息的人

這類人經常聚在一起咬耳朵，傳遞著一些鮮爲人知的小道消息。通常這樣做的目的，是希望引起他人關注的目光，滿足一下自己不甘平淡的心。

這類型的人愛慕虛榮，唯恐天下不亂，可是一旦出了亂子又會相互推諉，可以說是十足的小人。

• 喜歡談論名人的人

這種人一般內心非常孤獨、空虛，沒有知心朋友，也沒什麼嗜好、興趣，生活乏善可陳。在他們的生活中，如果不談論這些，就沒有什麼可說的了。

• 喜歡談論自然景觀的人

一般說來，這種人熱愛大自然，非常注重身體的健康，生活非常規律。在爲人處世方面，謹小愼微，講求原則。

• 話題不明確的人

這樣的人可分爲兩種，一種是在談話中總是不斷地轉變話題，或者是把話題扯得很遠，說明思想不夠集中，說話沒有條理，邏輯思維能力很差，而且缺少必要的寬容、尊重、體諒和忍耐。

另一種是根本忽視別人的談話，喜歡扯出與主題毫不相干的話題。這種人懷有極強的支配慾與自我表現意識。如果一個領導者出現這種情況，那麼說明他在任何場合下都想佔據主導地位，表現領導慾望，時時擔心大權旁落。

• 愛談學問的男人

這種人屬於眼高手低、自以爲是的類型，雖然有一定的上進心，但往往缺乏自知之明，不能正確地認識自己。這樣的人通常高不成、低不就，最終只能賣弄些學識孤芳自賞。

• 喜歡暢想將來的人

如果一個人喜歡暢談將來，經常憧憬著未來的生活，說明他是一個熱愛生活，有理想、有抱負的人。這種人如果注重計劃和發展，將夢想付諸行動，實實在在去築夢，很有可能會取得一番成就；倘若只是口頭說說而已，最終大多一事無成。

• 隨便與人傾訴衷腸的人

這種人即便和你相識不久，交情一般，也會自動升級為知己，忙不迭地把心事一股腦地傾訴給你聽，並且一副充滿眞情的模樣。事實上，這樣的人常常向其他人做出同樣的舉動，說出同樣的話，絕不是一個可以深交的人。

這種人對一切事物都沒有什麼深刻的理解，千萬不要附和他所說的話，最好是不表示任何意見，只需敷衍就夠了。

• 突然轉移話題的人

在談話過程中經常出現這種情況，一方突然把話題轉移，提出令對方難以接受的苛刻條件。

這一般有兩個原因：一是對對方感到不滿，想存心為難，並想透過棘手的問題挫敗對方；一是想試探出對方的誠意，因此提出一個不易接受的條件，看看對方有什麼反應。

這類人只站在自己的立場行事，不會爲他人著想，往往令人反感。

• 突然插入不相干的話題的人

當你正津津有味地談論著某個話題時，對方突然插進毫不相干的話語，明顯表現出對你的話題根本不感興趣。這類人習慣忽視別人的談話，不尊重別人。他們懷有極強的支配慾與表現慾，個性比較蠻橫霸道，談起話來會喋喋不休，不喜歡別人插話。

• 愛發牢騷的人

談話中愛發牢騷來，或對人，或對事，不管什麼話題都可以發牢騷。這類人多屬於追求完美的人，擁有很強的自信，做什麼事情要求都很高，一旦自己做錯了就埋怨自己，別人做得不好更不會放過。另外，這類人的特點是理想化，但只知抱怨，不會總結經驗、吸取教訓。

・愛讚美對方的人

有一類人在交談中很愛讚美別人，讚美對方的個性、愛好，讚美對方的職業、家庭等等，使人感覺到過度恭維。這類人很有心計，恭維是想讓對方產生好感，很可能另有目的，只是不好開口。

言爲心聲，從交談過程中，不難判斷出對方是個怎樣的人，對什麼感興趣。

從幽默話語讀出對方的動機

不同的人在表現自己幽默風趣的同時，往往還會體現出不同的特點，因而當一個人將他的幽默感表現出來時，他的性格也就顯示出來了。

幽默是生活的調味料，是調劑身心的一種互動模式。

然而，幽默的技巧並不是每個人都能夠掌握，不懂得幽默固然欠缺情趣，但是逾越了界線，則會流爲低級，會給人以譁衆取寵的感覺。

如何運用幽默，往往跟一個人的性格有關。不同的人在表現幽默風趣的同時，還會呈現出不同的特點。仔細觀察一下，將有助於你瞭解一個人的性格和心理。

・善於用幽默打破僵局、打圓場的人

要想透過幽默方式來打破僵局，或是打圓場，首先必須具備機智、敏捷的應變能力，能在第一時間識別出不和諧的氣氛，並且快速想到用什麼方式、什麼話語才可能達成。

因此，善於用幽默打破僵局、替人打圓場的人，隨機應變能力強，反應快。這種人爲人比較豁達、寬容，做事情會從全局上考慮問題，不喜歡斤斤計較小事，性格缺點是喜歡表現自己。由於出色的表現常使他們成爲受人矚目的對象，無形之中造成了虛榮性格，因此他們一般具有比較強烈的表現慾，渴望得到他人的注意與認可。

• 喜歡挖苦、嘲諷他人的人

這種人給人的第一印象是機智、風趣，對任何事物都有細緻入微的觀察，能夠關心和體諒他人。實際上，這種人相當自私，在乎的只是自己。

這類型的人大多心胸狹窄，有誰得罪過自己，一定會想方設法讓對方付出代價。此外，他們有強烈的嫉妒心理，當他人取得成就的時候，會故意貶低，有時甚至會做一些落井下石的事情。

他們的內心有自卑傾向，生活態度比較負面，常常否定自己，另一方面又不願意承認別人比自己強，不時盤算著怎麼嘲諷別人。

・善於自嘲的人

所謂自嘲，就是拿自身的缺失、不足，甚至缺陷來開玩笑，博衆人一笑。這種行爲沒有一定的勇氣及豁達、樂觀的心態，是無法做到的。

所以，善於自嘲、自我調侃的人心胸比較寬闊，能夠接受別人的意見和建議，而且會經常自我反省、不斷糾正自身的錯誤，不斷完善自我。他們這種勇於拿自己開玩笑的性情，很容易讓人親近，人際關係通常也很好。

・喜歡開玩笑的人

這種人活潑開朗、熱情大方，活得輕鬆自在，即使面對壓力，也會想辦法以各種方式加以緩解。他們不喜歡受到拘束，言談舉止等各方面表現得都相當自然和隨便，而且喜愛和人開玩笑。

這樣的人在自娛的同時，也能夠將快樂帶給他人。

• 喜歡用幽默來顯擺的人

有些人爲了向他人展現自己是個有幽默感的人，常常會預先準備一些幽默題材，然後在各種不同的場合一說再說。

這類型的人生活態度嚴肅、拘謹，能夠很好地控制自己的感情，但熱衷於追求一些形式化的東西，而且很在乎別人對自己的看法。

脫口而出的話，通常都是真心話

我們經常會有這種尷尬經驗，與別人交談時，明明心裡已經演練了一套婉轉的說詞，可是真實的想法卻還是不經意地脫口而出。

有位男士和一位性觀念相當開放的女孩子結婚，由於這位丈夫本來就不太喜歡妻子過去多采多姿的戀愛史，以及豐富的性經驗，所以，有一次當他們爲了一點小事而發生爭吵的時候，他竟然脫口而出，痛罵妻子是「妓女」。

這個致命的導火線，使得兩人的婚姻產生巨大裂痕，再也無法復原。

分析其中的因素，這位丈夫平日雖然極力裝出毫不介意妻子的過去，始終戴著寬大開明的假面具，可是他的內心裡，卻經常盤繞著不滿的情緒。這種壓抑，使得他在爭吵時，衝動地說出心裡的話。

從這個例子，我們可以得知，人的情緒被撩動後，突然之間吐露出來的言語，經常都是內心眞正的意思。

我們經常會有這種尷尬經驗，與別人交談時，明明心裡已經演練了一套婉轉的說詞，可是眞實的想法卻還是不經意地脫口而出。

不論我們如何嚴格約束自己，許多不願吐露的眞心話，仍然會在緊要關頭說出來。有時候，當我們對別人心存藐視之時，縱然言語之中未曾透露過，但在下意識的動作或表情中，卻會不知不覺的顯示出來。

佛洛伊德曾舉過一個例子，某個醫學院的教授有一回授完課後，詢問學生：「剛才我所說的內容，你們都完全了解了嗎？」

學生答道：「都懂了！」

教授聽了學生的回答，不以爲然地說：「我很懷疑你們是否眞的懂了，能懂這些道理的人，在我們學校裡只有一個人，喔，不！只有五個人而已！你們怎麼可能全部都了解呢？」

這位教授在說話的同時，先豎起一隻手指，說「不」之後又馬上改爲五隻指頭，這是爲什麼呢？

很明顯的，他是一個頗爲自負的人，他的潛意識裡覺得：「在學校裡，能理解這個道理的人，唯獨我一人而已！」但是，如果他說「只有我一個人了解而已」，一定會使學生覺得他太過於狂妄自負，所以，他連忙又改口爲五個人。

佛洛伊德解析說，這是因爲那位教授的自負心理，平時受到壓抑，壓抑的力量衝擊著他的內心，使他不得不將「一個人」改爲「五個人」，但他的眞心話卻是「只有我一個人」，他脫口而出的話，使得眞實想法無法隱瞞。

細心觀察對方的心理變化

言語本身其實並無關緊要，但是，萬一說出來的時機不對，隨後就會引起難以收拾的對立局面。

有時候，不管人們之間的感情多麼的和諧融洽，也會處於對立狀態。例如，平時兩位相交甚篤的男士，一旦發現對方暗戀自己太太的時候，恐怕很少人能以坦然的心情再與對方交往下去。

又如，本來認爲對方是嬌柔體貼、一心想讓她成爲媳婦的女孩子，有一天眞的成了自己的媳婦時，婆媳之間反而經常會爲了一些瑣碎小事，生對方的氣。

這種對立關係的發生，源自產生關係之前的互相交往。

換言之，人們由相識、往來而產生某種關係時，就已萌生了對立之根，而且隨著關係越深，對立的情形也越甚。

有個年輕人，結婚第二年時，發生了家庭困擾。他結婚的時候，因爲對方是位頗爲出色的女子，而且雙方經由自由戀愛而結婚，因此，他一直以自己婚姻美滿而驕傲。但最近，家庭氣氛突然變了，他甚至懷疑自己的婚姻是否出了毛病，終日煩惱不堪，不知如何是好！

其實，問題發生的原因，只是一件芝麻綠豆般的小事，但卻因而引發了一些隱藏的問題。這就像戰爭爆發，總是因爲小事而牽引出來一樣。

事情是這樣的，有一天，他的母親突然對媳婦說：「如果妳將長髮剪短一些，不但能配合妳的身材，而且更像個年輕少婦！」

問題發生了！媳婦答話時未經深思，冒冒失失地就說：「可是，我的父親常說我留長髮比較好看！」

言語本身其實並無關緊要，但是，萬一說出來的時機不對，隨後就會引起難以收拾的對立局面。

媳婦無意中提起自己的父親，使得婆婆感觸良多，想起了一年前去世的丈夫，由此卻聯想爲：「如果丈夫還活著，媳婦今天也不敢如此對我說話了！」於是，由自怨自艾而產生了對媳婦的不滿之情。

年紀輕輕的媳婦又怎能了解婆婆錯綜複雜的心理因素呢？於是，她們之間的對立關係，使夾雜其中的兒子及丈夫左右爲難，痛苦難堪。

要想了解一個人的心理變化，需要花費相當多的時間及精力，否則當然會產生誤解，而導致彼此怒目相視。

許多從小過慣養尊處優生活的人，從不曾爲複雜的人際關係擔心，因此，他們也不會嘗試著去了解別人的心理。

PART

3.

由神情
讀懂他人內心

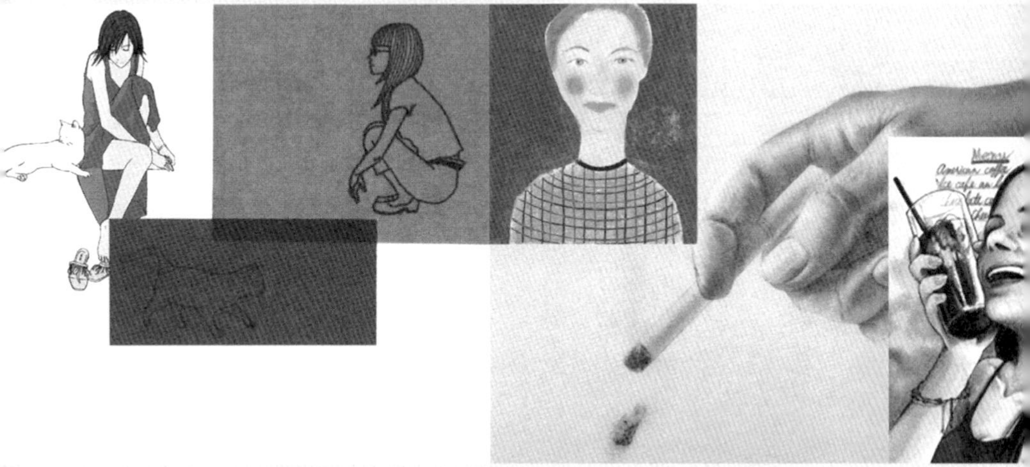

一個人的臉部表情直接反映了他的內心活動，
洞察臉部表情的任何細微變化，
你就可以迅速讀懂他人的內心。

臉部表情是內心世界的反映

人的喜怒哀樂是透過臉部肌肉活動的變化來表達的，臉部肌肉可以做出上百種不同的表情，準確地傳達出各種不同的內心情感狀態。

臉部表情是一個人心理活動最直接的反映，能夠準確地顯示出一個人的所思所想。透過表情窺探對方心理世界的律動，可以有效把握對方情緒的變化。

人類的心理活動雖然非常微妙，但時常不經意間透過表情流露出來。人在歡欣喜悅時，會表現出高興的表情，臉頰的肌肉會鬆弛；憤怒時，會表現出扭曲誇張的表情；嫉妒時，會表現出輕蔑、不屑的表情；遇到悲哀的狀況，自然會黯然神傷、淚流滿面。

不過，想透過表情讀懂一個人的心理暗號，並沒那麼簡單。雖然表情相對於語言更能傳遞一個人的內心動向，卻常會讓人判斷失誤。

美國心理學家拜亞曾經做過一項實驗，讓一些人用表情表現出憤怒、恐怖、誘惑、無動於衷、幸福、悲傷等六種感情，再將錄製的影帶播放給參與實驗的人觀看，請他們猜猜何種表情代表何種感情。

結果，平均每人只猜對了兩種表情，當表演者擺出憤怒的表情時，大多數觀看的人卻認爲是悲傷的表情。

從這個事例上看，想透過表情推測他人的內心秘密，看似簡單，實際上並不容易。要是對人的內心活動沒有相當程度的研究，很難探知人的眞面目。

這是因爲，出於自我保護的本能，人們往往學會了各種掩飾內心眞實情感的手段，也知道在何種情況該掩飾何種表情，以避免被他人看透自己內心的眞實感情。

因此，很多時候，人縱使內心世界波濤洶湧，也會僞裝成毫無表情，或者故意裝出某種相反的表情。

想要讀懂一個人臉部表情所隱藏的眞實情緒，要注意以下幾方面：

・沒表情不等於沒感情

生活中，我們有時會遇上一些人不管看到了什麼、聽到了什麼，都不露聲色，擺出一副沒有表情的臉孔。

碰到這樣的人，難免讓人感到困惑、頭痛。

其實，沒有表情不等於沒感情反應，相反的，越是沒有表情的人，說不定內心的感情波動越豐富。就像越是風平浪靜的海面，下面越是暗流湧動。因此，我們要學會從中解讀隱藏的眞實情感，不讓自己被這種表情欺騙了。

面無表情的人很多時候都在極力壓抑情感，努力使自己喜怒不形於色，但隨著內心情緒強度增加，臉部的肌肉若不變化，必然會呈現出不自然的表情，例如眼睛會瞪得很大，鼻孔會顯現皺紋，或在臉部出現抽搐現象。

所以，如果看見對方臉上忽然抽搐，那就表示在他的深層意識裡，正陷入激烈的情緒衝突。

此外，毫無表情有時候也可能是代表好意或者愛意的表情，尤其是女性。比如，女性對男性產生愛慕之心時，往往不好意思露骨地表現自己的愛意，於是在心理抑制下，便常常表露出相反的表情，裝著一副對對方毫不感興趣的模樣。其實，這種表面上的不感興趣，有時正說明內心十分關心在意。

•憤怒、悲哀或憎恨至極點時，也會微笑

人們常說的「臉上在笑，心裡在哭」正是這種類型。縱然滿懷敵意，但表面上卻裝出談笑風生，一點也不在意的樣子。

之所以要這樣做，是因為覺得如果將自己內心的意念或想法毫無保留地表現出來，無異於違反社會法則，或是公開與對方決裂，甚至會衆叛親離，或者成為大衆指責的焦點，不得不做出相反的表情。

由此可見，滿天烏雲不見得就會下雨，燦爛笑著的人未必內心世界就充滿陽光。很多時候，人們苦水往肚裡嚥著，臉上卻是一副笑眯眯的樣子；反之，臉拉沉下來時，說不定心裡正在暗笑呢！

・左臉比右臉反映的訊息更可靠

我們都知道，人的喜怒哀樂是透過臉部肌肉活動的變化來表達的。人的臉部肌肉有數十塊，可以做出上百種不同的表情，準確地傳達出各種不同的內心情感狀態。

但是，卻很少有人注意過，人的臉部表情左右並不對稱，而表情變化通常是先由左臉開始的，這因爲左臉是由右腦控制的緣故。

人的大腦分爲左右兩半，發自內心的感情通常由右腦控制，具體反映在左臉上；而左腦則專司理智性感情（即經過克制和偽裝的感情），然後反映在右臉上。因此，左臉的表情多半是眞的，而右臉的表情則有可能是虛假的。想知道對方的眞實感情，觀察對方的左臉會更可靠些。

・注意臉部的重要線條

想要讀懂對方的心理密碼，就必須記住，臉上的某些區域對辨認某些情緒特別重要。對於悲傷與恐懼的情緒，眉毛及額頭就特別重要；至於厭惡與喜悅的情緒，則以嘴巴的表情最有意義。

只要抓住對方臉部幾個重要的線條，特別是眼部和嘴巴周圍的肌肉動作，就能讀懂這個人隱藏在心裡的眞實情感。

那麼，人的臉部究竟有哪些重要線條値得注意呢？

觀察嘴角的線條之時，應該注意嘴角是上揚還是下垂，嘴巴是張開還是緊閉。眉眼處的線條也很重要，應注意眉毛是上揚還是下垂，眼角是上揚還是下垮，眼睛是睜大還是微瞇著。此外，還要注意額頭，眉毛上揚額間有橫紋，眉頭緊蹙則眉間有直紋。

忽略了這些細節，就無法捕捉到對方稍縱即逝的微妙情感。

・抓住無意識情態

人的表情時常在隱瞞或偽裝自己，因此要探知一個人的眞實情感是很困難的。不過，當一個人表面上裝得若無其事，試圖隱藏、克制自己的情感時，心理線索仍然是有跡可尋的。

當一個人要控制發怒或忍耐不愉快的事情時，精神會繃得很緊，表情也會隨之僵化，甚至出現面部痙攣的情況。這種心理狀態就和吹脹的氣球類似，用手捏住一個地方時，別的地方就會鼓起來。

一個人情緒高昂時，精神的緊張程度就會有所增加，這時如果內在的情緒無法宣洩、外露，肌肉就會變得緊繃，然後透過某些細節表現出來。例如，頻繁地皺眉、不停地眨眼、不正常的面部抽動、鼻尖出現皺紋等，這些都是被壓抑的情感在無意識地表露。

透過這些不協調的臉部表情，我們便可初步判斷出這個人正在隱瞞自己眞實的情感。

抓住瞬間的細微表情

雖然人極力戴上「面具」來掩飾自己的內心，但臉部的細微表情還是會出賣自己，只要學會如何觀察人的表情，就可以讀懂潛藏在人心中的秘密。

謊言在生活中無所不在，因為謊言能掩飾人的眞實想法，能避免沒必要的困擾，也可以欺瞞別人，或是博得別人的好感。然而，掠過臉上的細微表情，往往會暴露出這個人眞實的感情。

想要看穿對方式不是說謊，關鍵在於對臉部和手部動作的觀察，特別要注意眼睛和嘴巴周圍肌肉的動作。當一個人說謊時，面目表情會不對稱、頻繁眨眼，當覺得自己撒謊成功時，嘴角則會微微上翹。

這種細微表情通常只持續不到〇．〇五秒，只要細心留意，你就能抓住這種瞬間即逝的「微表情」。

我們常認爲一直注視我們說話，不移開眼光的人是眞誠的，而說謊的人則不敢看著我們。實際上恰恰相反，因爲當一個人試圖喚起自己的記憶或是整理思緒時，通常會把目光暫時移開；而撒謊時，由於早有準備，根本不需喚起記憶，也不用整理思緒，目光自然不會移動。

所以，越是心裡「有鬼」的人，越會貌似眞誠看著我們說話。

還有些人經常「睜著眼說瞎話」，明明清楚對方提出的問題，卻說「我怎麼知道」，只要仔細觀察，就不難發現，他的一邊眉毛多半正往上揚。

雖然人極力戴上「面具」來掩飾自己的內心，但臉部的細微表情還是會出賣自己，只要學會如何觀察人的表情，就可以讀懂潛藏在人心中的秘密。

下面就介紹一下透過表情讀心的方法：

• 僵硬的表情

有這種表情的人的臉上肌肉麻木，面無表情，還充滿憎惡與敵意。一般情況下，他們是想以此種表情來掩蓋自己的眞實情緒。

• 厭煩的表情

厭煩的表情主要的外在表現包括歎氣、伸懶腰、打哈欠、東張西望、看時間、表情無奈等。如果厭煩型表情沒有得到理解，煩躁的情緒慢慢積累下來，很可能發展爲焦慮。

• 焦慮的表情

焦慮的表情的外在表現是用手指不斷敲打桌面、雙手互捏、小腿抖動、坐立不安……等等。

• 興奮的表情

興奮的表情的外在表現爲瞳孔放大、臉頰泛紅、搓手、輕輕跳躍等等。

• 欺騙的表情

如果對方喋喋不休，但語義卻不連貫，尤其平時是個沉默寡言的人，那麼就代表他多半想隱瞞什麼。另外，下意識地摸下巴、玩弄衣角，或將手藏在背後，都是欺騙之時常見的表情。

• 高傲的表情

高傲的表情的外在表現就是眼睛瞇起、頭向後仰、俯視對方或者雙手抱胸、斜視、手叉腰、歪著頭等等。如果一個人做出這種表情，則表示內心倨傲，對別人不屑一顧。

• 愉快和不愉快的表情

愉快的表情在日常生活中很容易被捕捉到，特點是：嘴角拉向後方，臉頰往上抬，眉毛平舒，眼睛變小。不愉快的表情特點是：嘴角下垂，臉頰往下拉，變得細長，眉毛深鎖，皺成「倒八」字。

當然，透過臉部表情來判斷一個人的內心和情緒，還必須結合當時的情境進行分析，因爲有些人的表情可能是刻意裝出來的，有些則只是習慣性動作，必須深入觀察。

臉形不同，性格自然也不同

臉是人心的表徵，是反映人的內外和諧統一的徵象。所以，從臉形特徵是可以看出一個人的個性和心性的。

臉孔是一個人最重要的外在特徵，也是人與人最重要的區別。人的臉孔五花八門，不光是因爲眼睛、鼻子、嘴巴等五官的大小、形狀和位置不一樣，還因爲臉形彼此不同。

雖然人的臉形往往和遺傳有很大的關係，但是先天的臉形隨著後天的生活狀態、社會環境、個人經歷的不同，也會發生微妙的變化。

諾貝爾爾獎得主、法國生理學家科瑞爾在他的著作《人，神秘莫測者》一書中就論述道：「我們會見到許多陌生的臉孔，這些臉孔反映出了人們的心理狀態，而且隨著年齡的增長，反映得將越來越清楚。臉就像一台展示我們人的感情、慾望、希冀等一切內心活動的顯示器。」

確實如此，臉孔正是一個人心理活動的顯示器。心理學家透過大量的統計資料研究發現，臉形在一定程度上可以反映出一個人的某些性格，從臉形特徵可以看出一個人的個性和心性。

・圓形臉

這種臉形肌肉厚實而渾圓，長這種臉的人性格也如臉形一樣溫和圓滑，很好相處，待人親切，社交能力較強。

這種臉形的人總是很樂觀，對一切都感到安然愜意，通常是和氣、有趣、容易親近的。不過，他們在堅持自己的觀點方面有點自我，甚至有點偏執，還有點個人主義。如果是男性有圓圓的臉形，那麼在金錢方面就不容易節制。

和這種人交往最應該注意的就是要成爲對方的忠實聽衆，特別是當對方是女性時，如果想給她留個好印象，那麼在她說話的時候，千萬不要插嘴，否則容易引來對方不悅。

這種人有著很好的協調性，如果不是涉及重大的問題，一般不會拒絕他人的請求。相對的，正因爲容易答應，有時難免「言而無信」。

・方形臉

臉形方正，寬大的下巴和發達的臉頰骨是方形臉的主要特徵。

這種臉形的人對任何事物都表現出積極的態度，意志力堅強，即使碰到重大困難也能很快振作。

方形臉的人性格外向，富有行動力，正義感強烈，不喜歡遷就別人，絕不委屈自己，因此缺乏通融性，對於已經決定的事情一定堅持到底，異常執著，容易與人有衝突。

不過，方形臉的人很講義氣，有人相求的話，在能力範圍內會鼎力相助。

或許是性格的緣故，這種人人緣並不是十分好。

・橢圓形臉

橢圓形臉也就是我們平常所說的蛋形臉，特徵是下顎帶著圓弧感，額頭清晰而廣圓。

這種臉形的人有著很好的順應性，而且富有理性，是個理性主義者，即便是在混亂的場面，也能很鎮定地告訴別人該怎麼樣去做，不會驚惶失措。他們的情緒很少劇烈波動，是值得信賴的人。不過，他們的感覺比較細膩，會把小事放在心上保留很久。

橢圓形臉的人往往公私分明，工作努力，思想活躍，有著很好的創造力，並且自尊心很強，不容易受他人的影響。

至於缺點，則是耐力不足，做事往往半途而廢。

・瘦長形臉

臉形長，下巴呈的四角形，鼻子和嘴巴顯得很小。這種人性格內向、溫和，對細微瑣事考慮得比較周到，創造力強，但欠缺耐力；爲人謙恭有禮，卻不善於社交。

瘦長形臉的人在追求理想方面充滿創意和想像力，缺點是點子雖多，但往往缺乏行動力，導致理想淪爲空想實現之日遙遙無期。

・本壘形臉

臉形特徵是顴骨到下巴的線條非常明顯，體格健壯帶有陽剛之氣。

這種臉形的人對研究工作有獨特的熱心和耐心，沒有特殊的好惡，和任何人都能打成一片。

這種人對別人很體貼並富有同情心，很少表露自己的感情，因而給人好相處的感覺，受到大多數人的喜歡。

如果男人是這種臉形，作爲他的女朋友或者妻子，不用太擔心他會到處拈花惹草。相反的，如果女性是這種臉形，那麼男性可就要注意了，她對感情的態度極爲開放，喜歡和其他的男性交往，是屬於容易出軌、劈腿的那種類型。

・倒三角形臉

臉形特徵是額頭寬，隨著往下巴的方向慢慢變窄，形成倒三角形。

這種臉形的人做事多半一絲不苟，有潔癖，但面對問題之時，容易推卸責任，將一切過失轉嫁給他人，或抱怨環境不如己意。

這種人自尊心極強，容易動怒。

他們有很強的虛榮心，喜歡受人矚目，同時也很關心引人注目的事物；具有某些貴族化的嗜好，對於自認爲優雅的事物充滿憧憬，但如果不能順遂己意，則會有焦躁的舉動。

這種人性情中有優柔寡斷的一面，還有細膩而浪漫的一面，多數帶有難以接近的氣質，使人感覺難以相處。要接近這種人，必須以浪漫又帶點幻想色彩的話題作爲交際潤滑劑。

・混合形臉

臉形特徵是臉孔從整體上看有稜有角，或變形、額頭小、顴骨寬大。

頑固、不服輸是這種臉形的人的主要特點，此外還有一些神經質、愛慕虛榮。但混合形臉的人對任何事物都很有興趣，而且不管做什麼都可超出一般人的水準，因此往往令人弄不清楚他們的正業和主攻方向。

這種人碰到志趣相投的人，會與對方相處得非常融洽，然而只要有一點令自己不滿，就會全盤否定對方。

眼睛是解讀心理的捷徑

眼睛裡隱藏著內心的諸多秘密，是瞭解一個人心理動向的捷徑，要想在最短的時間內看透對方心理，就要從眼睛開始解讀對方。

思想家兼文學家愛默生說：「人的眼睛和舌頭所說的話一樣多，從眼睛的語言中就能瞭解一個人的內心世界。」

眼睛的語言，是人臉部的主要表情之一，與思想、感情有著密不可分的關係，一個人的內心活動，經常會反映到眼神裡，「心之所想，眼之所望」，這是每個人都很難隱瞞的慣性動作。

眼睛可說是心靈的視窗，不管一個人如何隱藏自己的性格與內心，只要細看眼睛，就能窺知他的內心秘密。畢竟一個人的言語、動作、神情可以偽裝，但眼神卻是無法偽裝的。

因此，當我們想要瞭解對方的真實意圖時，要把焦點放在眼睛上。能在瞬間反映出一個人喜怒哀樂的也是眼睛。眼睛裡隱藏著內心的諸多秘密，是瞭解一個人心理動向的捷徑，要在最短的時間內看透對方心理，不妨先從眼睛開始解讀對方。

當一個人對別人產生好感時，大多會用帶有愉悅、欣慰、欣賞等感情交織在一起的眼光不住地打量對方。

當一個人表示對別人感到厭煩或拒絕對方時，會露出不悅，甚至是憤怒、輕蔑、嘲諷的眼神。

當一個人用眼光從上到下或是從下到上不停地打量別人時，是表示對對方的輕蔑和不信任。而且，會有這樣舉動的人往往高傲、自我感覺良好，喜歡支配別人。

談話時，如果對方的眼光不斷地四下遊移，這說明他對所談的話題並不感興趣，遇到這種情形時，應該立即換個話題。

談話中，一方的眼神由灰暗或是平常狀態，突然變得明亮起來，表示所談話題切合他的心意，對這方面有極大的興趣。

在兩個人的談話中，一個人在說話時，既不抬頭，也不看另外一個人，只顧說自己的，這很大程度上表示了對另外一個人的輕視。

當一個人用兩隻眼睛長時間地盯著另外一個人時，絕大多數情況是在期待對方能給自己一個想要的答覆。這個答覆的內容視情況而定，可能是對某些事情的期求，也可能是對感情的承諾，不一而定。

當一個人用非常友善而且坦誠的眼神看另外一個人，間或地還會眨眨眼睛，說明對對方的印象良好，很喜歡他，即使對方犯了一些小錯誤，也可以給予寬容和諒解。

相對的，當一個人用銳利的目光、冷峻的表情審視對方的時候，則是充滿警告的意味。

透過眼神去解讀人的心理活動，是人際交往、日常生活中慣用的方式，但是如果想確實從眼神中透視對方心理狀態，就必須掌握相關的理論和技巧，才能從對方的眼神和視線裡探出對方的眞正意圖。

從視線的變化解讀心理變化

眼睛往上吊是種令人嫌惡的表情，這種人心機極重，為了自己的私慾常常誇大事實，但由於不想讓人看穿心理狀態，眼睛便會不由自主往上吊。

一個人的心術、心裡的慾望和感情狀態，往往反映在視線上，視線的移動方向、集中的程度等都表達不同的心理狀態。因此，仔細觀察談話對象的視線變化，將更有助於洞悉對方的內心活動。

・和你談話時，對方的眼睛並不是看著你

如果說話進入正題的時候，對方不時移開眼光看向遠處，那麼不是代表他根本不關心你說些什麼，就是正在算計某些事情。

但是，需要注意一點，一般人與自己的上司交談時，始終注視對方眼睛的狀況是極少的，因爲面對上司，大多數人或多或少會有些害怕、拘謹或者屈卑的感覺。此外，還有一種疾病叫眼神恐怖症，罹患了這種病的人，對什麼人都不敢正視對方眼光。

・對方盯著你不放時

遇到對方出現「啊！事到如今，聽天由命吧」這種態度時，表示他的內心忐忑不安，知道自己的謊言或過錯即將被揭穿，此時盯著你不放，不過是一種故作鎭定的姿態。

・對方眼神閃爍不定的時候

人的內心正擔憂某件事，又無法坦白地說出來的時候，通常就會有這樣的眼神，這可理解爲對方心裡有自卑感，或正想欺騙你。

當你和合作夥伴見面的時候，看到對方晦暗的眼光，就應該想到對方有不順心的事，或發生了什麼意外的事情。而當你和對方交談時，對方的眼睛突然明亮起來，則表示你的話正說中了他心裡最急於表達的事情。

・眼睛上揚

眼睛上揚，往往是假裝無辜的表情，想要掩飾自己沒有做過那種事，是別人在造謠生事，或者過錯都是別人造成的。若是目光炯炯望人，上睫毛極力往上抬，幾乎與下垂的眉毛重合，則是傳達著某種驚怒的心情。

・眼睛眨動

眨眼的系列動作包括連眨、超眨、睫毛振動等。

連眨往往發生於情緒起伏的時候，代表極力抑制的心情。

超眨的動作則顯得誇張，眨眼的速度較慢，幅度卻較大，好似在訴說：「我不敢相信我的眼睛，所以大大地眨一下，確定我所看到的是事實。」

睫毛振動時，眼睛和連眨一樣迅速開閉，是種賣弄花俏的誇張動作，好像在說：「你可不能欺騙我哦！」

・擠眼睛

擠眼睛是用一隻眼睛向對方使眼色，表示兩人間的某種默契。它所傳達的訊息就如同在說：「這個秘密，只有我們知道。」

在社交場合中，兩個朋友間擠眼睛，是表示他們對某項主題有共同的感受或看法，彼此心照不宣。要是兩個陌生人擠眼睛，則代表強烈的挑逗意味。

由於擠眼睛包含兩人間存在著不爲外人知道的默契，自然會使第三者產生被排擠的感覺。因此，不管是偷偷的還是公開的，這種舉動都被視爲不禮貌的舉動。

・斜眼瞟人

斜眼瞟人是偷偷地看人一眼，又不願被對方發覺的動作，傳達的是羞怯、靦腆的訊息。這種隱晦的動作等於是在說：「我太害怕，不敢正視你，但又忍不住地想看你。」

・眼睛往上吊

眼睛往上吊是種令人嫌惡的表情，就行爲心理學的解釋，這種人心機極重，爲了自己的私慾常常誇大事實，但由於不想讓人看穿心理秘密，眼睛便會不由自主往上吊。

・眼睛往下垂

眼睛往下垂也是個不好的舉動，有輕蔑對方之意，要不然就是不關心對方的情形。這種動作的發出者一般個性冷靜，但本質上只爲自己設想，是極其任性又自私自利的人。

從眼球的變化解讀心理變化

如果對方的眼球不是每一次思考時都轉向下方，只是偶爾才這樣的話，那麼他很有可能是正在說謊，此時所說的通常不太可靠。

談話時，對方的眼珠不同的轉動方式，表現出不同的內心動向。

對方的眼珠左右、上下轉動而不專注時，是正在說謊的表情。這樣做，多半是為了不使你疑心，不將眞相說出；或由於自身的過失，無法向你交代。在你一再追問下，對方口是心非，眼睛便左右、上下轉個不停。

對方眼睛滴溜溜地轉動，表示他一有機會就會見異思遷。

俗話中有句罵人的話說：「滴溜溜的眼睛，四處轉動；賊溜溜的眼睛，東張西望。」滴溜溜的眼睛、賊溜溜的眼睛，是女人和男人最不好的眼語。滴溜溜，顯現了女人的輕浮；賊溜溜，則顯現了男人的狡詐。

此外，人在緊張不安與出現戒心的時候，會試圖擴大視界，以便獲取有關情報，同樣會有類似的眼睛轉動的行爲。

就行爲心理學而言，眼珠習慣朝右轉動的人往往屬於易怒、攻擊性強的人，而眼球習慣向左轉的人則趨向於平和。利用這點，我們也能瞭解到一個人眞實的內心世界。

另外，思考時眼球轉動的方向也有特定的意思：

・眼球向右上方轉

眼球向右上方轉時，表示一個人正在進行視覺想像，此時人的腦中會浮現幻想中的事物。這樣的人很喜歡做白日夢，擅長天馬行空的想像，談話之時也容易神遊物外。

・眼球向右下方轉動

眼球向右下方轉動，表示一個人正在感覺自己，如內心感受、情感觸動、身體觸覺。

這類人心思細密，思考力特別強。與這種人相處時要特別小心，因爲他們疑心很重，常以爲自己是偵探，只要掌握蛛絲馬跡，便會聯想很多。

但是，如果對方的眼球不是每一次思考時都轉向下方，只是偶爾才這樣的話，那麼他很有可能是正在說謊，此時所說的通常不太可靠。

• 眼球向左上方轉

眼球向左上方轉，表示視覺回想，正在回憶過去所見的畫面和場景。

這類人喜歡翻來覆去地回憶往事，所以與他們相處要有點耐性。這類人屬於健談的人，身邊不乏吃喝玩樂的朋友，可是眞正交心的知己卻寥寥可數，渴望得到別人的眞心關懷。

想取得這類人的信任，需要付出一點誠意，刻意的奉承是行不通的。

・眼球向左下方轉

眼球向左下方轉，表示聽覺在發揮作用，對方正在進行內心對話，比如對自己說些鼓舞的話，或是哼唱自己喜歡的歌。

這類人想像力與思考力都很強，喜歡自由自在、無拘無束地享受生活，可能會給人好吃懶做的感覺，事實上，這種人比任何人更懂得安排生活。

與這種人相處時，千萬不要給他們產生壓迫感，否則只會令他們厭煩，選擇與你保持距離。排斥感一旦產生，要再取得他們的信任便很難了。

眉毛變化體現喜怒哀樂

觀察眉毛變化的作用很大，它的一動一靜，都在無形中透露出一個人的心境，可以掌握住一個人的心理變化。

觀察一個人的心理層面，不一定要透過交談才能瞭解，有時候對方眉毛的細微變化也會傳遞出許多信號。

眉毛的變化豐富多彩，所傳遞的訊息也多種多樣，透過觀察眉毛的變化，就可以瞭解一個人的心理行爲。

眉毛動，則心境變；眉毛動態豐富，則說明一個人思緒千折百轉。

每當心情有所改變時，眉毛的形狀也會跟著改變。比如，一個人感到茫然不知所措、焦慮或者傷心失望的時候，眉毛通常呈裡端向上、外側向下的歪斜狀。

個性冷靜、情緒穩定的人，眉毛一般都會比較平直，不是兩邊相對是筆直的，就是兩邊對稱呈弧形。

當一個人感到煩惱、憂心忡忡或者是心理負擔過重的時候，皺眉肌就會把兩道眉毛牽拉到一起，這時我們就會看到「眉頭緊鎖」的樣子。當一個人心情開朗，處於愉悅狀態時，就會顯得眉飛色舞。

可以這麼說，人的喜怒哀樂、七情六慾都可從眉毛上表現出來。

根據行爲心理學家統計，人的眉毛大約可以做出二十多種動作，仔細觀察一個人眉毛的一舉一動，就可看出心理變化。

‧揚眉與低眉

當眉毛揚起時，會略向外分開，造成眉間皮膚的伸展，使短而垂直的皺紋拉平，同時整個前額的皮膚擠緊向上，造成水平方向的長條皺紋。

揚眉這個動作能夠擴大視野，一個人雙眉上揚時，表示非常欣喜或極度驚訝；單眉上揚時，表示對別人所說的話、所做的事不理解，存有疑惑。

人類面臨某種恐懼的事件時，可以用皺眉來保護眼睛，也可以用揚眉來擴大視野，兩者都對人有利，但只能選擇其一。一般的反應是，面臨威脅時，會犧牲擴大視野的好處，用皺眉來保護眼睛；危機減弱時，則會犧牲對眼睛的保護，以揚眉來看清周圍的環境。

至於受到侵略的時候，則大多會呈現出低眉表情，這是一種防護性的動作，通常只是要保護眼睛，避免受到外界傷害。

‧皺眉

所謂皺眉，是指人把眉頭皺起，這個動作可以代表很多種不同的心情，例如驚奇、錯愕、詫異、懷疑、否定、傲慢、疑惑、憤怒和恐懼……等等。要想要眞正瞭解箇中意義，只有從原因上去探究。

一般來說，皺眉的情形包括防護性和侵略性兩種。

防護性的皺眉，只是要保護眼睛不受外來的傷害，但是光皺眉還不足以保護眼睛，需將眼睛下面的面頰往上擠，盡最大可能提供保護，此時眼睛仍保持睜開的狀態，以注意外界動靜。這種上下擠壓的形式，是面臨外界攻擊、突遇強光照射、強烈情緒反應時典型的退避反應。

至於侵略性的皺眉，基本上仍是出於自我防禦，是擔心自己的情緒會激起對方的反擊，與自衛有關。眞正的侵略性目光，是瞪眼直視、毫不皺眉的。

最常見的皺眉，往往被理解爲厭煩、反感、不同意等情緒。

眉頭深皺，反映出一個人內心沉鬱，想逃離目前所處的境遇，但卻因爲某些原因不能如願。若是大笑而皺眉，則說明這個人的心中其實有著驚恐和焦慮，因爲他的表情洩露出明顯退縮的訊息。

‧眉毛閃動

眉毛閃動是指眉毛先上揚，然後瞬間立即下降。這個動作是全人類通用的表示歡迎的信號，是一種友善的行爲。例如，當兩位久別重逢的老朋友相見的剎那，往往就會出現這種動作，通常還會伴隨著揚頭和微笑。

眉毛閃動如果出現在對話裡，則表示加強語氣。每當說話者要強調某一個詞語時，眉毛就會很自然地揚起並且瞬間落下，像是不斷強調：「我說的這些都是很驚人的！」

如果眉毛連閃，則是表示「哈囉」的意思，連續連閃就等於在說：「哈囉！哈囉！哈囉！」眉毛閃動表示：「看到你，我真驚喜！」眉毛連閃就意味著：「我真是太意外，太高興了！」

‧眉毛斜挑

眉毛斜挑是指兩條眉毛中的一條向下降低，另一條向上揚起。

這種動作所傳達的訊息介於揚眉與皺眉之間，半邊臉顯得激越，半邊臉顯得恐懼，而揚起的那條眉毛就像是一個大大的問號，充分反映了眉毛斜挑者的懷疑心理。

‧糾結的眉毛

糾結的眉毛一般是指兩條眉毛同時上揚，相互趨近，和眉毛斜挑一樣。這種表情通常預示著嚴重的煩惱和憂鬱，例如一些患有慢性疼痛的人就經常出現這種神情。急性的劇痛所產生的是低眉且面孔扭曲的反應，而較和緩的慢性疼痛就會產生眉毛糾結的現象。

在某些情況下，內心極爲痛苦、煩惱的人，眉毛的內側端會拉得比外側端高，呈現吊客眉的誇張表情，一般人如果心中並不那麼悲痛的話，是很難勉強做到的。

・聳眉

聳眉是指眉毛先揚起，停留片刻，然後再下降的動作。聳眉與閃眉的區別就在那片刻間的停留。

聳眉時，通常還會伴隨著嘴角迅速、短暫地往下一撇，但臉上其他部位沒有任何明顯變化。聳眉所牽動的嘴形，有時表達的是不愉快的驚奇，而是無可奈何的心理。

此外，人在熱烈地談話時，常會做一些小動作來強調自己所說的話，講到重要處，也會不斷地聳眉，爭取他人的認同。一些習慣性的抱怨者在嘮嘮叨叨時，就會這樣的表情。

・眉毛迅速上下活動

這個動作與閃動的眉毛很類似，通常說明一個人的心情愉悅、內心舒暢，或是對你表示親切。有些人在對別人的觀點表示贊同的時候，也會以這種動態來表示。

・眉毛抬高、降低

抬眉的動作可分為眉毛完全抬高和半抬高兩種。眉毛完全抬高是表示「難以置信」，眉毛半抬高表示「大吃一驚」。兩者意思相同，只是程度不同而已。

降眉的動作可分為眉毛半降和眉毛完全放下。

眉毛半降表示非常不能理解，對對方所做出的舉動存在著一定的疑惑。眉毛完全放下則是表示這個人正處於「怒不可遏」的狀態，這個時候去招惹他，那就等於是老虎嘴上拔毛——找死。

・鎖眉、舒眉、倒豎眉

鎖眉是指緊鎖眉頭，一副苦大仇深的樣子，代表這個人此時內心極度憂慮或猶豫不決。

舒眉正好和鎖眉相反，代表這個人心情坦然，處於愉悅的狀態中。

眉毛倒豎、眉角不拉，這個動作說明對方正處於極端憤怒或異常氣惱之中，說不定是有人背叛了他，或者是被人耍了，反正就是老虎發威了。

眉毛雖然只是臉部一個很小的部分，有些人的眉毛動作並十分明顯，但觀察眉毛變化的作用很大，它的一動一靜，都在無形中透露出一個人的心境。在讀心觀人時，注意這個小部位的動作，也可以掌握住一個人的心理變化。

讀懂鼻子發出的無聲暗號

一個人的心理活動往往會從鼻子的變化中顯示出來，要透視他人的心理，就必須仔細留意鼻子發出的各種各樣的微妙語言。

鼻子處於人五官中心的位置，到底會不會傳遞心理暗號呢？

有人認為，鼻子和耳朵一樣，是不能動作的器官，當然也就不可能有肢體語言，至於用手觸摸鼻子和耳朵所發出的訊息，應歸為手的「語言」。

有位研究肢體語言的學者為了弄清楚「鼻子」的「語言」問題，特地進行了一次觀察「鼻語」的旅行。經過幾個星期細密觀察，他得出的結論是：鼻子是會動的，因此是有肢體語言的器官。例如，當有異味和香味刺激時，鼻孔就會有明顯的張縮動作，嚴重時，整個鼻體還會微微地顫動，接下來往往就出現「打噴嚏」

現象，這些「動作」都是鼻子在發射訊息。

此外，據他的觀察，凡是高鼻樑的人，多少都懷有某種優越感，表現出「挺著鼻樑」的傲慢態度，與這類「挺著鼻樑」的人打交道，要比跟低鼻樑的人打交道要困難一些。

在人的五官中，鼻子和耳朵是最缺乏活動的部位，很難從觀察鼻子的動作讀出對方的心理，一般人才會認爲鼻子沒有肢體語言。

事實上，鼻子也會反映出一個人內在的心理狀態，比如「嗤之以鼻」這句成語，就說明了鼻子能發出「瞧不起某人」這種訊息。

還有一句成語叫「鼻孔朝天」，形容人板起臉，將鼻子高高聳起，鼻孔張大之時，給人的直覺就是傲慢、自大。

鼻子是呼吸的通道之一，人內心的情緒穩定與否，都會引起呼吸變化，而呼吸變化又會影響到鼻子的外形和色澤。因此，從鼻子的各種變化，也能看穿對方的內心。

• 鼻子脹大

在談話過程中，如果發現對方的鼻子有稍微脹大的變化，多半表示他暗藏得意心理或不滿情緒，也有可能是正在壓抑某種情感。這是因爲人處在興奮或緊張的狀態中，生理上就會發生變化，呼吸和心律跳動會加速，相應地就會產生鼻孔擴大的現象。

至於對方鼻子出現脹大的變化，究竟是意氣昂揚，還是由於抑制不滿及憤怒的情緒所致，就得從談話中的其他各種反應來判斷了。

• 鼻頭冒汗

有些人鼻頭天生就容易冒汗，但是如果一個人沒有這種毛病，又排除氣溫或運動導致，卻鼻頭冒出汗珠，那麼這種現象肯定是由於內心焦躁或緊張所致。當然，緊張或焦躁之時並非僅有鼻頭會冒汗，有時腋下等處也會有冒汗的現象。

如果對方是你的重要的交易對象，那麼他必然是急於達成協定，唯恐交易一旦失敗，自己便會失去很多機會，或招致極大的不利，所以心情處於焦急緊張狀態。

如果彼此之間不存在利害關係，對方卻出現這種狀態，說明他可能心有愧意，或是爲隱瞞秘密而緊張，因而出現鼻頭發汗現象。

• 其他情況

皺起鼻子的動作再加上嚴肅的面容，表示厭惡和輕蔑，基本上是一種傲慢、不屑一顧的態度。

歪著鼻子表示不信任，抖動鼻子是緊張，鼻孔箕張代表發怒或恐懼，哼鼻子是排斥……這些動作其實都是在反射心理訊息。

• 從鼻子的顏色變化

一般情況下，鼻子的顏色並不經常發生變化，如果一個人的鼻子整個泛白，表示內心情緒波動強烈，有所恐懼或顧忌，此刻多半正處於躊躇、猶豫狀態。

此外，當人的自尊心受損、心中有著困惑、罪惡感或尷尬不安時，也會使鼻子泛白。例如，向異性表達愛意遭到拒絕，許多男性就常會出現這種情形。

鼻子的動作細微且轉眼即逝，平常不會引起太多注意，但它確實會傳遞心理訊息。在相互交流中，一個人的心理活動往往會從鼻子的變化中顯示出來。要做到知人知面知心，透視他人的心理，就必須仔細留意鼻子發出的各式各樣的微妙語言，並配合周遭其他因素進行判斷。這樣，就肯定可以掌握鼻子發出的訊息，洞悉對方的眞實心理狀態。

PART

4.

表情流露
一個人的心情

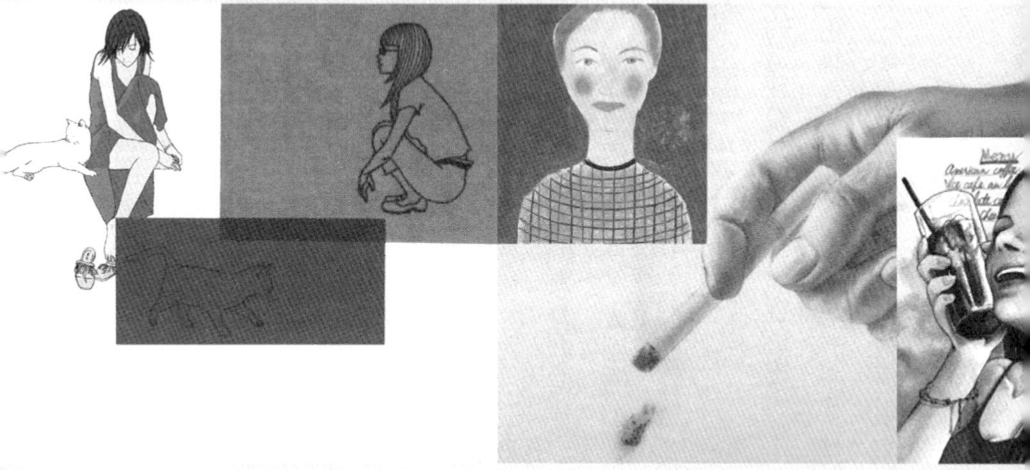

嘴形可以代表活力和愛情。

嘴形大的人是活動型的，嘴形小的人擁有安靜的性格。

嘴唇厚的人感情豐富，很熱情，嘴唇薄的人很冷酷。

表情流露一個人的心情

嘴形可以代表活力和愛情。嘴形大的人是活動型的，嘴形小的人擁有安靜的性格。嘴唇厚的人感情豐富，很熱情，嘴唇薄的人很冷酷。

觀察對方的嘴角，可以瞭解對方的心情。

精神分析大師弗洛伊德認爲，人的嘴形可以代表他的活力和愛情。嘴形大的人是活動型的，嘴形小的人擁有安靜的性格。嘴唇厚的人感情豐富，很熱情，至於嘴唇薄的人很冷酷，比較理性。

弗洛伊德的這種說法，是有事實根據的。

人的嘴巴也有各種各樣的表情，流露著喜怒哀樂。嘴巴大的人笑起來會讓人感覺比較豪爽，如果你覺得這一點和自己很相似，那麼你的性格也會不知不覺變得豪爽、活潑起來。

表情同樣的也會透過嘴角表現出來。嘴角如果稍微向上的話，表情看上去就會像在微笑一樣，反過來，如果嘴角稍微向下的話，那麼看上去就好像在生悶氣一樣，板著一張令人不快的臉。

最可怕的是，我們通常都不會覺察到自己的表情變化，無意識地在談話的對象面前擺出了這樣的表情。

當我們在聽著戀人談話的時候，由於親密的感覺，一定都會無意識地把嘴角稍微向上揚，好像在微笑的一樣。

而當我們在聆聽老闆或上司教訓的時候，幾乎就不會有人出現這樣的表情了。比較可能的是偏著嘴，滿臉的不愉快。

只要看著對方自然的表情，就可以瞭解對方的心情。聽著上司教訓的時候，自然地就出現嫌惡的表情，如果上司看了，問你：「你是覺得我的話很無聊？」那麼你一定會回答：「沒有。」然後下意識的想要露出笑容。

說這時的笑容像是在抽搐，似乎有點誇張，但是，這個時候你的笑容比起「笑面人」肯定沒好到哪裡去。

人不僅僅會悲哀、哭泣，而且經常是在哭泣的時候，變得更難過了。如果我們總是無意識地把嘴巴向下拉，久而久之也會使得個性變得憂鬱起來。

接受對方，對世間上的事物抱持肯定的看法，這樣想著的時候，嘴角就會自然而然的向上揚了，表情也會變得像是在微笑一樣。

人們看到你的表情，可能會跟你說：「你的笑容好漂亮。」聽了他們的話，你對世界的看法，一定也會變得更樂觀起來。

臉的方向，代表一個人的慾望

左腦被稱為「理論腦」，所以，在毫無意識的情況下想展示自己右邊臉的人，可以說他們是理性考慮事物的人。

自我主張很強的人，總是想把自己右半邊的臉顯示給對方。

你是喜歡你的左臉多一些，還是喜歡你的右臉多一些呢？突然被這樣問，一般人都不好回答吧？大概都會在鏡子面前做出各種姿勢，好好研究一番。不過，不管是喜歡哪一邊，都可以說是自信的表現。

大部分的人一般會回答：「被你突然這麼一問，我也不太清楚。」但是，如果你拿出相簿，觀察一下自己大部分照的是左邊臉還是右邊臉，可能就可以明白了，而且在那些特別擺出姿勢的相片裡看得更清楚。

如果大部分是正面對著照相機，那麼這也是很了不起的表現，這說明如果必須和別人面對面的話，你會正面對著對方，這樣的表現通常都出現在政治人物身上，可以說是「自信的表現」。

如果稍微向左轉，讓對方看到自己的右邊臉，那也可以說是自信者的表現。一般來說，右半邊的臉會表現出強大和可以依賴的印象。如果你喜歡自己右邊的臉蛋，那麼就會在毫無意識的情況下經常把自己右邊的臉展示給對方，這是因爲自己希望被別人那樣看待。

意識到自己的右邊臉還有一個理由，那就是我們身體的右半部分是受左腦所管轄的，而左腦被稱爲「理論腦」，從語言中樞開始到對事物理論性的見解和思考，都是左腦的功能。所以，在毫無意識的情況下想展示自己右邊臉的人，可以說他們是理性考慮事物的人。

想展示自己左邊臉的人，則是希望給對方留下好印象。

一般認爲，自然而然想要展示自己左邊臉的人，是想給對方留下好印象，因此演員在平時及在電視節目上，總是故意讓大家看到他們的左邊臉。比起右邊臉，人溫柔的表情總是展現在左邊臉上。

這可能跟人類左腦和右腦的功能不同有關係。控制人左半部身體的是右腦，右腦除了沒有直接控制語言中樞以外，它自由支配著創造各種表情的功能，音樂、美術等等有關藝術的創作都是歸右腦管轄的。人的感性也是右腦的管轄範圍，因此人的左邊臉能表現出更多感性也是可以理解的。

女性在和男朋友約會的時候，經常喜歡處於他的右側，可能就是無意識地想要把自己的左邊臉展示給對方看。而如果要挽著男方手臂的話，也經常都是挽著對方的右手臂，在男友面前展現出自己溫柔、感性的一面。

頻繁地重複動作代表內心的緊張

我們沒有必要看到他本人抽煙的樣子，只要看一下被扔在煙灰缸裡的煙頭，就可以像福爾摩斯一樣判斷出抽煙者的心理是多麼慌張和壓力有多大。

如果心裡很緊張的話，人就會情不自禁地想要接觸身邊的東西。

我們可以想像在一個相親的場合，看到女方一直不斷揪著衣角，而當對方問她：「妳的興趣和愛好是什麼呢？」她小聲地回答，而且一邊說著，一邊還是用手捏著衣角。

這就是所謂「緊張的表現」，緊張得恨不得要逃出去但是卻不能離開。當心裡充滿這種糾葛的情緒時，我們都會不斷想要觸摸身邊的東西。動物學家德司門多．莫里斯將這樣的行爲稱爲「轉位活動」。

在等待面試的時候不斷玩弄手錶的錶帶，老是一會兒扣上，一會兒又打開；在機場的候機室裡，把飛機票拿出來看好幾次，這些動作都是爲了緩和緊張的心理而無意識地表現出來的動作。

第一次見面的同事們聚集在一起舉行會議時，坐在席間的人大都會低著頭看手上的資料，但是，眞正認眞看資料的人卻出乎意料的少，很多人只是隨手翻翻，感覺更像只是在擺弄東西而已。

這也是一種想要觸摸身邊東西來緩和緊張心情，並使自己習慣所處環境氣氛的動作。隨意的拿出記事本來看、從皮包裡拿出資料、玩弄手錶的皮帶這些行爲，無疑的都是表現內心的緊張情緒。

頻繁地抽煙表示怎樣的心理狀態？

最近禁止抽煙的規定漸漸盛行起來了，但是抽煙的人還是很多，因此仍必須經常和抽著煙的人對話。

對於抽煙的人，我們更容易觀察他們想要緩和緊張的「轉位活動」。當人們一緊張或覺得焦躁不安時，取出香煙的次數也就會跟著變多。

實際上，這是和頻繁翻閱資料一樣的行爲，因此與其說是想要抽煙，還不如說只是想透過抽煙這樣一系列的動作來緩和緊張的情緒。

其中的證據就是，有很多人從點煙以後就不斷重複出現把煙灰敲到煙灰缸裡的動作，一根煙只抽了兩三口就把它熄掉，而且抽煙的方式也讓人感到好像很焦急的樣子。如此一來，煙灰缸裡就會堆滿只抽了一半的香煙。

實際上，我們沒有必要看到他本人抽煙的樣子，只要看一下被扔在煙灰缸裡的煙頭，就可以像福爾摩斯一樣判斷出抽煙者的心理是多麼慌張，壓力有多大。

戴太陽眼鏡是為了掩飾眼神

當你站在戴著太陽眼鏡的人身邊的時候，通常會感覺很不自在。這是因為，你成了被觀察的對象，卻無法知道對方的表情。

在非必要的狀況下戴著太陽眼鏡，通常是爲了想要隱藏內心的怯弱。我們可以透過對方眼睛的動作來瞭解對方的內心，但是，戴著太陽眼鏡的人卻把眼睛的表情隱藏了起來，我們要怎樣才能解讀這些人的心理呢？

戴著太陽眼鏡的人，其實是因爲他們想要掩飾自己的目光，這樣無意識的動作，反而暴露了他們內心的怯弱心理。

美國心理學家進行過一項「墨鏡實驗」，發現有的人在人們面前說話的時候吞吞吐吐，不能很流暢的表達，但是，給這樣的人戴上太陽眼鏡之後，他們的表達就變得十分流利。這是因爲，戴上太陽眼鏡，把自己的目光隱藏起來，不讓對方看到，從而在心理上形成了一種「心理優勢」。

確實，一個人戴上太陽眼鏡時，可以避免讓對方看到自己的目光，然後，自己就可以仔細觀察對方的舉動。

也就是說，這樣的人如果不把自己武裝起來，就無法和對方交流，這樣的行爲反而反應了內心的弱點。

當你站在戴著太陽眼鏡的人身邊的時候，通常會感覺很不自在。這是因爲，你成了被觀察的對象，卻無法知道對方的表情。

但是，如果你知道對方的心理狀態，這樣想：「那個人是想要掩蓋自己內心的弱點，才戴著太陽眼鏡的」，那麼，即使你看到一個冷酷的男子戴著太陽眼鏡，你就會覺得「他並不像看起來的那麼可怕」。

戴著太陽眼鏡，想要掩蓋自己內心的動作，反而是表示內心狀態的證據。

通過嘴巴的動作來瞭解人的真實內心

下意識的用舌頭舔嘴唇，是對眼前的事物擁有很強烈興趣的證據。對方很自然的做出這樣的動作，就可以知道他擁有「強烈的興趣」。

舔嘴唇是非常有興趣的表示。

我們在看動畫片的時候，常常可以看到主角誇張的用舌頭舔嘴唇的畫面，動畫片裡的猛獸在看到好吃的獵物的時候，也會伸出舌頭舔嘴巴。可是，在眞實的世界裡，野獸們是不會做出這樣的動作的，動畫片裡的角色只不過是擬人化的表現。

在我們的身邊，眞的有人會做出這樣的動作嗎？如果我們認眞的觀察一下周圍的人的話，那麼就會發現，這樣的人還眞是不少。當然，並不會像動畫片裡面的野獸一樣，誇張的用舌頭舔著嘴巴。

那麼，舔舌頭象徵著什麼心理狀態呢？答案是慾望的流露。

當你肚子餓了的時候，有好吃的食物擺在你的面前，大多數的人會下意識的用舌頭沾濕嘴唇，因爲人畢竟是充滿慾望的。

不僅對於食物，當有人邀請自己去參加很便宜的旅行的時候，一般人也會下意識的用舌頭舔著嘴唇，回答說：「好啊，那就一起去吧。」對於這樣的人來說，這和好吃的食物一樣，是很吸引人的。

下意識的用舌頭舔嘴唇，是對眼前的事物擁有很強烈興趣的證據。如果對方很自然的做出這樣的動作，那麼我們就可以知道他擁有「強烈的興趣」。

因此，男性要特別注意，如果眼前出現一個漂亮的女性，那麼就得要控制自己，千萬不要做出舔舌頭的動作。因爲這樣的動作會讓人覺得你是一個品行不良的人，搞不好還會誤會你是色狼。

咬嘴唇代表著強忍

如果看到對方無意識的咬起嘴唇來，那麼這就是對方透過動作表示「我已經快要忍受不了了」，心裡正在考慮著要不要忍受下去。

咬著嘴唇的動作，可能表示再過十秒鐘對方就會有反擊的行為。

如果你被上司狠狠地責罵，心裡覺得上司怎麼「把話說得這麼難聽」，你會有什麼樣的反應呢？你恐怕會下意識的咬自己的嘴唇，強忍著滿腔的怒火吧！在你的心裡面，雖然想著這樣的上司「得打他一頓才能消氣」，但是，為什麼會咬著嘴唇呢？大概是想給自己留下一些痛苦的感覺吧！

因為，毆打上司就會遭到解雇的命運，即使如果沒有被解雇，也就別指望要升官了。也就是說你陷入了想要打又不能打的狀態，除了忍耐之外沒有別的辦法，這種時候，只有把想攻擊的矛盾轉移到別的地方去。

在心理學上，把這樣的行爲稱爲「異指向活動」，毫無意識的咬著嘴唇也可以認爲是這種心理的一種表現。

並沒有犯下什麼大錯，但是卻被上司絮絮叨叨的責罵，那麼最初你可能會毫無意識的扭絞自己的手指頭。如果上司繼續責罵，那麼你就會咬著嘴唇，在無聲之中用動作來傳達自己對上司的怒氣。

如果還繼續遭到責罵，那麼你可能就會完全受不了，一邊咚咚的敲著桌子，一邊反擊對方。在這樣的場合，敲桌子也是「異指向活動」的一種表現，忍受著想要毆打上司的心理，把敲打桌子當成發洩的方式。

如果看到對方無意識的咬起嘴唇來，那麼這就是對方透過動作表示「我已經快要忍受不了了」，心裡正在考慮著要不要忍受下去，還是還擊。如果你沒有注意到對方的動作，而繼續之前的話題的話，那後果可能會不堪設想了。

抖腳代表著心裡焦躁

有的人如果已經養成了抖腳的習慣，改也改不掉，那麼就說明這個人經常處於不滿、緊張的狀態。

許多人明明知道抖腳是不雅觀的動作，也很容易被周遭的人看輕，但稍稍疏忽，還是會不自覺地抖起腳來。

搖晃大腿，通常表示了緊張的心理狀態。

焦躁不安地抖腳也是「不安和緊張感」的一種表現，因爲可以通過抖腳的行爲向大腦傳達信號，緊張感也可以得到緩和。

當人們想不出好主意時，會焦急地在房間裡來回踱步，或出現其他類似的舉動，這些都是在無意識尋求緊張心理的緩和，抖腳也和這些動作一樣，人們經常透過抖腳來代替來回踱步。

在一般習慣裡，認爲抖腳這個動作是「貧賤」的象徵，所謂「男抖窮，女抖賤」，因此平時一定要注意不要抖腳。

但是，如果不抖腳的話，許多人的緊張情緒無法舒緩，因而會用別的動作來取代，比如說用手指頭敲桌子等動作，這其實也是表示同樣的意思，如果我們細心觀察的話就會覺得很有趣。

有的人如果已經養成了抖腳的習慣，改也改不掉，那麼就說明這個人經常處於不滿、緊張的狀態。這樣的人可能對自己抱有太高的理想，不管做什麼事情都不能如願，於是覺得很焦躁不安，而爲了和緩這種緊張的情緒，就開始抖腳了，也有可能是周圍有太多對手，一直處於緊張的狀態所導致。

總之，可以認爲這樣的人總是處於緊張狀態中，因爲抖腳就是自己向外界表示這樣的心理信號。

如何解讀對方強忍著憤怒

憤怒的心情會讓臉部僵硬，而當一個人竭力想裝出毫不在意並讓別人覺得自己很平靜的時候，在鼻子最下面的部位會出現破綻。

有的人不輕易把感情表現在臉部，但是在很多情況下，卻會因爲這樣而遭到誤解，認爲「根本就不知道他在想什麼」。而且，這樣的人也會把本來應該很強烈表現在臉上的憤怒盡力掩蓋起來。

不論是歐美人也好，亞洲人也好，都會用身體各個部位來表示憤怒的心情，這些肢體動作除了是對對方威嚇以外，也是一種不引起暴力性摩擦的行爲。

雖然說東方人不輕易把憤怒表現在臉部，但是要一直保持平靜的臉部表情也是不可能的，因此他們想要掩飾的表情經常在一些不經意的小地方表露出來。

最容易表現的地方是鼻子。憤怒的心情會讓臉部僵硬，而當一個人竭力想裝出毫不在意並讓別人覺得自己很平靜的時候，在鼻子最下面的部位會出現破綻，因爲這時鼻孔會張得大大的。

心情興奮的話，呼吸會變得急速，而生氣的時候嘴角會向下抿成一條線，嘴巴緊緊的閉著，因此在生氣時呼吸就全部要靠鼻子，鼻子自然就會張大了。因此，即使對方僞裝成很平靜的樣子，只要觀察一下他的鼻孔就可以知道他的心理了。

強忍著內心憤怒的人有怎樣特有的行爲呢？

強忍著自己內心憤怒的人大體上都會緊緊閉著嘴巴，用力咬著牙齒。用力的咬牙齒有兩個意思：一個是忍著不出聲反擊，而另一個意思就是通過咬著牙齒給予大腦刺激的信號，讓自己集中精神，隨時尋找反擊的機會。雖然面部表情僞裝成很平靜的樣子，但有的人下巴卻不斷顫動，雖然還沒有達到咬牙切齒的地步，不過也代表對方正不斷的磨牙齒，極力壓抑住自己的憤怒。

轉移開視線是拒絕的表示

被不喜歡的人邀請的時候，有一個很有效的拒絕方法。那就是把臉別到旁邊，這是一個很強烈的拒絕的信號。

讓我們來想像一下這樣的場景就明白了。

如果一個女性在街角遇到一個不認識的男性搭訕的時候，她看著對方的臉說：「我現在在等我的朋友。」這樣說完，恐怕對方還是會再繼續糾纏下去吧。

但是，如果對方說：「小姐，我們去喝杯茶吧。」而女方一下子就把臉轉向別的地方，那樣會出現怎樣的結果呢？這個男人可能還會再糾纏兩三句，但是，不久就應該會自討沒趣而離開的。

在心理學上，行爲專家把視線的交會稱做「相互聯繫」，認爲目光的交會表示對對方的好感和親熱。

因此，一邊看著對方的眼睛一邊拒絕的話，對於臉皮比較厚的人來說，可能會讓對方覺得：「可能多少還有點希望吧。」如果想讓對方死心的話，那就要當機立斷地把視線轉移開，不要讓對方有任何機會。

當然，認爲這是「連看見他都討厭」的表示，是有點過度解釋，這只是對對方沒有好感，不想和他交談的意思。

把臉轉開會給對方強烈的刺激，所以一定要很注意。

有時候，轉移視線並不表示那麼強烈的情緒，像是朋友之間聊天，對方把視線略略移開，也是一個比較委婉的拒絕的表示。可以認爲是對方對交談的話題不感興趣，或者想迴避這樣的談話。

不管是誰，都有不想提起的話題，爲了不錯過對方的表情暗示，最重要的就是交談的時候要認眞的看著對方的眼神。

PART 5.

由手撫摸的位置了解對方的心思

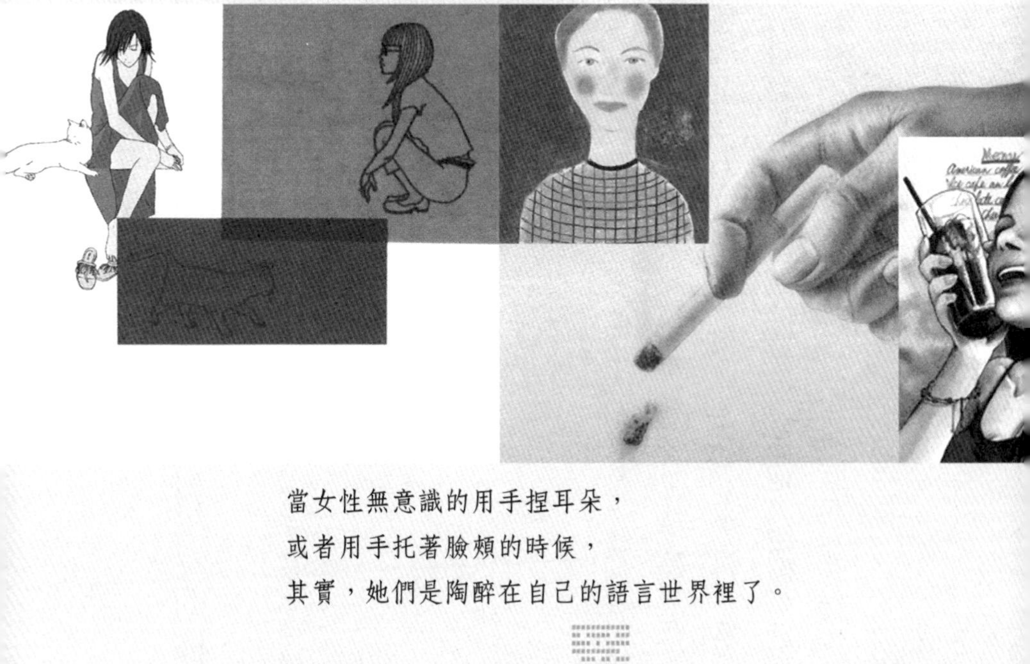

當女性無意識的用手捏耳朵，
或者用手托著臉頰的時候，
其實，她們是陶醉在自己的語言世界裡了。

如何在第一次見面時判斷出對方的性格

那些初次見面就一直盯著對方看的人，心理和拳擊選手是很相似的，這樣的人一般都具有爭強好勝的性格。

透過打招呼，也能表現每人的人性格。

第一次接觸時的寒暄最能表露一個人的性格。比如說，初次見面的一位長者對你深深鞠躬並說：「請您多多關照」，你會有什麼感覺呢？

你一定會覺得自己很了不起並受到他人尊敬，絕對不會有不好的感覺。

初見面的時候如果先恭恭敬敬的鞠躬，與他人的關係就比較容易進展，能比較有協調性，對於不認識的人，只要透過鞠躬的方式就可以給對方好印象。

有的人在寒暄的時候，視線都一直沒有離開對方身上，而被第一次見面的人直勾勾地盯著，會有一種被觀察、被對方估量的感覺，心情會無法平定；而直勾勾地盯著對方看的人，是想從一開始就比對方先處於優越的地位，因爲如果一直盯著對方看上十秒以上，就能讓對方覺得不安。

在拳擊場上，比賽開始之前，有些選手會運用心理戰術，一邊瞪著對方一邊聽裁判講解，這就是想經由一直瞪著對方的方式來讓對方感到不安，並盡可能的使自己在比賽中處於有利的位置。

那些初次見面就一直盯著對方看的人，心理和拳擊選手是很相似的，這樣的人一般都具有爭強好勝的性格。

和這種人的寒暄很難進展順利，而最糟糕的回應方式是慌慌張張的瞥對方一眼。如果出現這樣的行爲，那麼下一次再見面時，對方可能會突然拍了一下你的肩膀並問你：「怎樣？最近過得還好吧？」一副上司或者前輩的模樣。

所以，如果在初次見面的時候被對方一直盯著，那麼你要盡可能用一種平靜的眼光回應，用一種「我的臉上沾著什麼東西嗎」的眼光看著對方，用這種方法，才能讓自己擺脫劣勢。

鞠躬時，眼睛從上方看著對方，又代表什麼？

如果一邊鞠躬說著「初次見面，請多多關照」，還一邊用眼睛從上方盯著對方，那這樣的動作代表他想要處於比對方更有優勢的地位。

這個時候，可以認為這樣的動作包含了複雜的意義：「雖然我比你卑微，但是我絕對不會服從你的。」

這樣的人可能會在背後捅你一刀，或者會過河拆橋。那種內心和外表態度不一樣的人，大都會做出這樣的鞠躬的姿勢，並在不知不覺中暴露出自己「我是以這樣的心態和你交往的」這種內心世界。

抬高位置就能掌握優勢

懂得說話技巧的人通常都會根據身邊的地形，站在較高的位置。這樣一來，眾人的目光自然就會集中在他身上，而使自己的發言更加具有說服力。

在卓別林主演的《獨裁者》這部電影中，其中有一幕是卓別林扮演的希特勒和墨索里尼在理髮店裡會面。

希特勒想掌握優勢的地位，所以就把自己的椅子放在比較高的位置上，而把墨索里尼的椅子放在比他低的位置上。

但是，墨索里尼也不甘落後，於是也把自己的椅子搖了上去。就這樣，他們兩個人互不相讓，最後兩個人的椅子頂著了天花板。

卓別林高超地表現出獨裁者的心態，或者可以說是一般人的心理。當人們想讓自己處於優勢的時候，就會用目光來表示，無意識地想佔據俯視對方的地位。俯視的角度給對方一種壓迫感，就是心理學上所說的「要求」服從的無意識行為。根據心理學研究，距離對方兩米左右俯視對方，最能讓對方感到壓迫。

像是學校的講台或者裁判席的設置會比較高，就是基於這個理由。當然，能夠完整地掌握全體情況也是原因之一。

以抬高自己所在的位置，來加重自己說話的分量，是十分有用的。

美國心理學家展開的一項研究當中，發現一個有趣的結論，就是社會地位越高的人，他們的個子也會越高。另外，學者們也發現，在美國過去的總統大選中，身高越高的候選者越有利。

關於這種現象，心理學家解釋說，身高越高，眼睛的視線就越高，人們總是覺得俯視別人的人是有才能的人。

朝鮮戰爭爆發的時候，在朝鮮和聯合國軍隊進行休戰談判的會議上，北朝鮮軍就曾巧妙地利用了這個心理。由北朝鮮主持的這個會議上，雙方的桌子面對面的擺著，雙方代表入座的時候，聯合國的代表需要仰視對方，因為，聯合國代表的椅子要低十公分左右。

聯合國代表立刻表示抗議。但是，更換椅子之前，中國和朝鮮的攝影師就已經把中國和朝鮮軍隊的代表俯視聯合國軍隊代表的情景拍進了相片中。

北朝鮮之所以這樣做，就是要給世人留下一個深刻印象：是朝鮮處於優勢來締結這個停戰協定的。這個意圖非常的明顯，因而佔據了俯視對方的立場。

懂得說話技巧的人通常都會根據身邊的地形，站在較高的位置。這樣一來，衆人的目光自然就會集中在他身上，而使自己的發言更加具有說服力。

仰視對方，是表達順從的意思

不管在什麼情況下，想明白對方處在哪個位置上，都可以從目光的角度看出端倪，俯視代表壓迫，仰視代表服從。

俯視對方是有含義的，那麼反過來說，仰視對方也有它表達的意思。正是因爲人的心理是共同的，所以，不管是有意識的還是無意識的，仰視對方表現了這樣的心理：「如果你要我服從的話，那麼我就服從你吧。」

有一個男性職員和他的女上司一起走路的時候，女上司一說什麼話，男職員就要彎腰低頭，努力的把視線向下移，同時臉上堆滿了笑容。

通常，這種行爲代表著順從和迎合。

動物行動學家德司門多．莫里斯的著作《相互接觸》中提到，服從的行爲就是要讓自己看起來比對方弱小。其中有兩個方法，一個是把身體縮成一團，另一個就是擺出自己比對方弱小的姿勢。

最近，我們可以看到個子高的女性多了起來，即使個子不高，女性穿上高跟鞋和男性並肩走路的風景也不少見。如果注意一下，可以發現一個很有意思的現象，男性一旦開口說話，女性就微傾著頭，目光總是放在一個比較低的位置。

這種行爲是爲了表達自己的好意，並且讓對方知道。

女性面對同行的男性通常都會把自己的目光放低，避免給男性壓力。但是，惹惱了她的話，那她的雙眼就會直視著，接著在一刹那間把給男性的優越感拿走。前一秒還歪著頭問：「什麼呀？」一瞬間目光便從上面俯視著男性，口氣也改變了：「什麼呀！」

不管在什麼情況下，想明白對方處在哪個位置上，都可以從目光的角度看出端倪，俯視代表壓迫，仰視代表服從。

下巴代表人們的自尊心

如果沒有虛張聲勢的話就不能活下去，想到這一點，就能夠瞭解抬著下巴，愛擺架子的人的心理，不過是個沒有自信的人罷了。

揚著下巴說話的人，心裡的想法是什麼呢？

有一種人下巴和腹部稍微向前突出，總是豪爽地哈哈大笑。如果是男性的話，一般都很希望受到大家的尊重。

女性之中也有這種人。她們通常說著自認高雅的言語，一邊還用手掩著嘴巴，呵呵呵的笑著，但是她們的下巴總是高高的揚著的。這些把下巴高高揚起的人的共同點就是總是認爲自己很了不起，而輕蔑對方。

總是高高地揚著下巴，抬起下巴的同時，目光就會變成俯視的角度。這和高處俯視對方是一樣的。動物行爲學家德司門多．莫里斯對這種把自己放在優越、尊貴的地位上的動作稱爲「優越信號」，或者是「輕蔑信號」，簡單的說就是讓眼睛半睜半開，頭向後仰，也就是把下巴往上抬。

看不起對方的無意識的心理，經常通過揚起下巴這樣的動作來表示。有的人認爲一定要這樣，才能顯示出自己的地位，這其實是虛張聲勢的證明。在電影或者是電視劇當中，出現兩個人打架的畫面，他們的表情看起來一定會很可怕，而且都會有抬起下巴的動作。

利用可怕的表情，抬起下巴瞪視著對方說：「你要幹嘛？」這就是試圖擺出自己比對方強的姿勢，造成對方的壓力。

這樣的人如果沒有虛張聲勢的話就不能活下去，想到這一點，就能夠瞭解抬著下巴，愛擺架子的人的心理了。歸根究底，不過是個沒有自信的人罷了。

那麼縮著下巴說話的人的心理是什麼樣的呢？

縮著下巴說話的人大多表示了強烈的「猜疑心」和「自我防衛本能」。

根據調查，人出生四個月後，對於攻擊行爲都會採取保護自己的「防禦行動」。把身體蜷縮成一團，採取蹲著的姿勢，這樣的防禦動作當中，把下巴縮進去是這些動作的第一階段。

縮著下巴，就形成了保護身體的姿勢。像是拳擊手在比賽的時候，就是採取這樣的姿勢。眼珠向上看，在那樣的場合下，當然不是服從的表示。

像刺蝟一樣毫不猶豫地對對方產生懷疑，一旦對方做出攻擊的動作，馬上就會豎起身上的刺來保護自己，這樣的人一旦沒有做出警戒就不能安心。和這樣的人說話的時候，如果他縮起下巴，眼球從上面看人，那麼最好還是改個話題。不論是他懷疑你說的話，還是你進入了他不想讓別人接觸的領域，對方一定沒有懷著好意，最好考慮改變對策，對於自己或者對方都會比較好。

由撫摸鼻子的方式看出對方的心思

說話的時候用手指的背部摩擦鼻子下方，或是把手放在嘴巴周圍，很可能他對自己所說的話沒有信心，要不就是他正在說謊。

用指腹撫摸鼻子表示怎樣的心理？

一般認爲，用指腹撫摸鼻子是消極的「拒絕的暗示」。當我們認眞思考一件事情而不想進行的時候，就會無意識的用手撫摸臉部。

揉眼睛，搓下巴，用兩隻手托著臉，這是大家共同的習慣。

當思路不太清晰，很著急的時候，我們也會下意識的用手撫摸臉。尤其是處於整個臉部中央的鼻子，更是我們經常下意識撫摸的地方。

比如說，你去拜託別人一件事情，不管是要向他借錢，還是要拜託他幫你跟吵架的女朋友說好話。當你向對方訴苦的時候，如果發現對方無意識的用手撫摸鼻子的話，那麼你就該知道你所拜託的事情大概是沒有什麼希望了。

因爲，這大概是對方考慮了一番之後，覺得你的拜託他沒有辦法做到。這種內心的掙扎，無意識的透過手的動作表現出來，「有沒有什麼好辦法可以在不傷害對方的情況下拒絕他呢？」於是，心情就會變得煩躁不安，下意識的用手撫摸鼻子。

當然，也有可能是對方鼻子發癢，不能夠一概而論。但是，在大部分情況下，還是會在無意識中透露了自己內心的想法。

至於用手指的背面摩擦鼻子的下方，又表示什麼樣的心理呢？

這個動作有可能只是一個人的習慣而已，但是，如果對方一邊和你交談，一邊用手指摩擦鼻子的下方，那麼你最好用心聽他的話裡是不是有什麼弦外之音。

當一個人說話的時候用手指的背部摩擦鼻子下方，或是把手放在嘴巴周圍，那麼很有可能是他對自己所說的話沒有信心，要不就是他正在說謊。

當我們想要說謊或者是想隱瞞一些事情的時候，總是會無意識的想要掩蓋自己的嘴巴。這表示著我們想要隱瞞謊言，同時也代表著害怕自己一旦絕口不提的話，會讓對方察覺的恐懼。就在這樣微妙的情緒當中，我們就會無意識的用手背來撫摸離嘴巴最近的鼻子。

不管是誰，都希望自己能正直地生活在這個世界上。因此，當自己談論的事情是事實的話，就會堂堂正正表達。當心裡想著：「明明就是胡說八道的事情，卻必須要當成事實說出來，會不會被別人懷疑呢？」這時，心裡的複雜想法就產生了。接著，這樣的焦慮就會自然而然表現在行動上。

當然，這樣觀察對方，準確率無法達到百分之百，但記住，和朋友聊天的時候，用對方的動作進行判斷：當對方不安的用手撫摸臉部的時候，可能他談話內容的可信度需要打些折扣，同時，也可以瞭解到對方的弱點。

用手托著臉，表示不滿足

心靈沒有被滿足的時候，我們會下意識的接觸自己的身體，尋求自身的安慰。用手托著臉蛋，表現出想要掩飾自己內心的空虛感。

在安靜的酒吧吧檯邊，一位女士面前擺著雞尾酒，一個人坐在那裡。如果那個女士用手托著臉蛋，那麼你一定會有想和她打招呼的想法吧。

讓我們來分析一下你在這時候的內心世界。這時你應該會有這樣兩種想法，一個就是你認爲「她的心靈一定非常空虛」，還有一個想法就是，「如果我上前去邀請她的話，說不定她會很輕易的答應我」。

事實上，這些想法並沒有錯。用手托著臉蛋，比起「自我親密性」，是一種更直接的動作。做出這樣的動作的人，會希望能有人來改變自己現在的狀態。

換句話說，用手托著臉蛋的女性比較容易被搭訕，所以，女性要是沒有這種意思的話，就不要經常在陌生人面前用手托著臉蛋。

人總會有不安和寂寞的時候，這種時候人總是希望可以獲得信賴的人關心。在嬰孩時代，我們一哭，母親就會馬上來到身邊，把我們抱在懷裡，溫柔地哄我們，餵我們喝奶。這樣的記憶，即使過了好幾年，也會殘留在我們的內心深處。

因此，當我們的心靈沒有被滿足的時候，我們會下意識的接觸自己的身體，尋求自身的安慰。這就是所謂的「自我親密性」。用手托著臉蛋，則是表現出想要掩飾自己內心的空虛感。

當然，不光光是女性才有尋求「自我親密性」的心理。有時男性也會用手托著自己的臉蛋。如果你約會遲到了，看到早就在約定的地點等待的方用手托著自己的臉蛋，那麼你得意識到對方現在有被冷落、沒有得到滿足的感覺。

如果對方在你面前托起臉蛋的話，那麼你最好改變一下目前的話題和氣氛。

玩弄頭髮，表示對方感到無聊

不停玩弄自己的頭髮，用梳子梳頭，再誇張一點的會開始抓自己的頭髮，這些都是表示同樣的意思，就是表示她覺得很無聊。

當女性接二連三的撫摸自己的頭髮的時候，心裡眞正的想法是什麼呢？

如果約會的時候，她一直撫摸自己的頭髮，那麼你最好要認眞注意一下，因爲這種行爲代表著女性的心理信號。

如果，你沒有對她說：「妳的這個動作好可愛呀」，那麼她就可能會告訴你：「太無聊了，我們回去吧。」

女性之所以一直撫摸自己的頭髮，也是由於心理得不到滿足，試圖尋求「自我親密性」的一種行動。

可能是你所說的話她覺得很無聊，也可能是對你猶豫不決的態度感到不滿，或者是對現狀覺得不滿足。

不停玩弄自己的頭髮，用梳子梳頭，再誇張一點的會開始抓自己的頭髮，這些都是表示同樣的意思，就是表示她覺得很無聊。

不斷玩弄自己的頭髮，來尋求「自我親密性」，這樣的動作多半發生在女性身上。因此即使是女性之間的談話，如果發現對方開始玩弄自己的頭髮，那就代表著對方可能是感到無聊了。

在咖啡店裡，我們經常可以看到兩個女性同樣的一邊玩弄頭髮一邊談話。這種和對方做同樣動作的現象，一般都發生在關係很好的朋友之間，是一種「姿勢反應」的同步調動作，有著很深的含義。

這大概是因爲她們之間有著相通之處，同時擁有空閒的時間，可以看成女性朋友之間，大多擁有共同的交流時間和共同的交流方式。

摸臉，代表著不安

用手撫摸自己的頭髮，或者撫摸臉蛋，這樣的舉動也可以解讀成是，自己想要緩和不安和緊張的狀況，而做出的「自我親密性」的動作。

用手輕輕的撫摸頭和臉，通常是不安感的表現。

把工作有關的資料拿去給上司的時候，上司慢慢的拿出老花鏡，開始看起資料來，這個時候，你是怎樣的心情呢？如果上司像平時一樣，順利的就把資料拿過去還好，但是，如果不是這樣的話，那要怎麼辦呢？

你一定會覺得很不安，擔心上司可能會對資料的什麼地方不滿意，而指責自己，總是覺得心情不能平靜。在這種時候，你一定會毫無意識的重複用手撫摸自己的頭髮，或者撫摸臉蛋。

這時，上司要是不時的抬起頭來看你一眼的話，那麼，你這個無意識的動作就會越來越頻繁的一直重複。這樣的舉動也可以解讀成是，自己想要緩和不安和緊張的狀況，而做出的「自我親密性」的動作。這時，如果沒有撫摸一下自己身上的某個地方的話，那麼就會覺得心情無法平靜。

經驗豐富的上司，可能在閱讀資料的同時，也注意到你的動作。這時，在上司的腦海裡，可能會形成「下屬老是用手撫摸頭部和臉蛋，會不會是資料中有不完整的地方」這樣的印象。

如果你愈是這樣想的話，那麼你的不安的感覺就會越來越強烈。那麼，這種時候，你應該怎樣做呢？不用手撫摸頭部和臉就可以解決問題了嗎？

方法只有一個，那就是提交認眞準備的資料。你也許會說：「什麼呀，這難道不是最基本的嗎？」但是，希望在你說這句話之前，好好的朝著這個目標去做。

因爲，不安和慌張的心理，越是想要掩飾就越會顯露出來。

由手的動作瞭解對方何時不想被打擾

用手指托著下巴的動作和「請勿打擾」的牌子意思是一樣的，希望別人不要打擾他。

用手支撐著下巴思考的人，請不要去打擾他。

日本職棒知名教練權藤博曾經帶領橫濱隊取得了三十八年都沒有獲得過的冠軍寶座。這位教練經常坐在長凳上用大拇指和食指托著下巴，也許他這是無意識的動作，但是這個動作卻顯示了他具有典型的「謀略家的姿勢」。

就像權藤博教練一樣，能夠事先考慮到事情的各個層面，預先做出準備的人，經常會表現出這樣的動作。

所以，如果一旦你的上司做出這種姿勢在考慮事情的時候，你最好不要去打擾他，問些無關緊要的事。當一個人在考慮一件事情的時候，再也沒有被無聊的事情打斷更讓人生氣的了。

當然，因爲這樣，就把這些人稱爲謀略家的話，好像有點言過其實了，但是這樣的人，總是會先把事情規劃好，喜歡把時間花在考慮事情上。

也許他們看起來總是在發呆，但是，說不定他們的腦海裡正在考慮工作的進展，或者在考慮新的計劃。就是這樣「希望大家不要打擾我」的心理，讓他們用手指托著下巴的動作來暗示別人。

我們經常在飯店的房間門口看到掛著「請勿打擾」的牌子，而用手指托著下巴的動作和「請勿打擾」的牌子意思是一樣的，希望別人不要打擾他。

另外，動物行爲學家也有這樣的論述，認爲用手指撫摸下巴之類的行爲，是在緊急的時候尋求安定的動作，是希望獲得安慰的「自我撫觸行動」。

PART 6.

距離，意味著彼此的關係

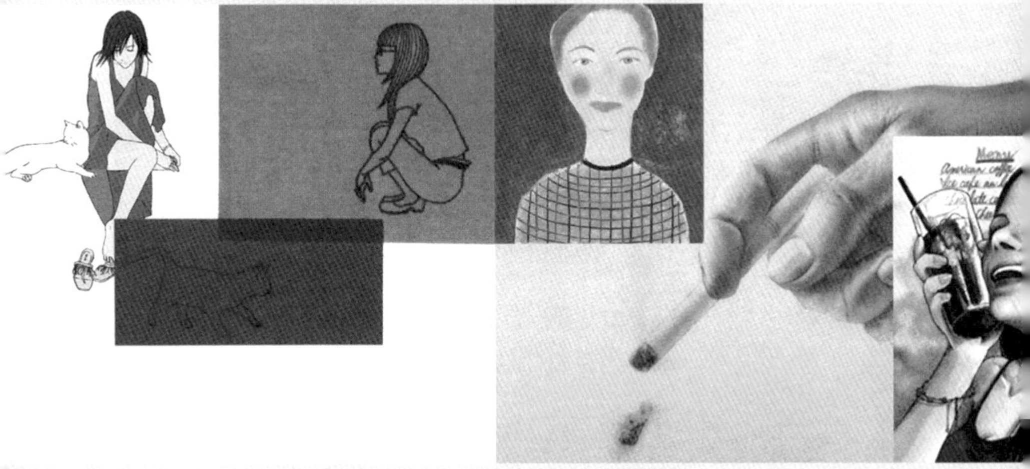

不喜歡的人企圖闖入你的範圍，
你就會自然而然的向後退。
因此，通過和對方的距離，
就可以判斷出對方對你的接受程度。

手的動作，暗示著結果

人在心情放鬆的時候，手指會稍微離開身體，手指會自然的張開。如果手是非常放鬆的放著的話，可以認為是表示「可以」的意思。

心理學家說，想要破解一個人的行爲，除了觀察眼睛之外，更應該留意他的手部動作，才能更準確猜中對方的心思。

由手的動作，能夠看出對方是表示「可以」還是「不可以」。

攤開手指左右搖擺，不管是誰都知道，這是表示「不可以」的意思，這是一個很強烈表示「拒絕」的姿勢。

事實上，人類最初是用腦袋左右搖擺表示「不可以」的意思，但是這樣做很容易眼花，於是就用手的左右搖擺來代替腦袋的左右搖擺。如果有誰向你使用這個姿勢的話，那就表示沒有希望了。

但是，如果對方還沒有做到這樣強烈的地步的話，只是稍微使用一些手勢，還是能夠看出對方的一些想法的。

首先，「可以」是表示「肯定的暗示」。如果和你談話的人撫摸著自己的下巴的話，那麼很有可能他是用放鬆的心情來聽你的談話的，而且對你的談話內容是以肯定的心情來接受。

不過，這也很有可能只是個人的習慣而已，不可以一概而論，總之是可能性的問題。即使在進行會談的時候，對方一邊說著「要怎麼辦」，一邊撫摸著下巴，那也表示事情還是有轉圜餘地的。對方是否會同意關鍵，就在於對方是不是抱著放鬆的心態來聽你的談話。

人在心情放鬆的時候，手指會稍微離開身體，手指會自然的張開。動作如果非常自然的話，那麼談話將會朝著好的方向發展。不管是誰，多多少少都會有一些習慣動作，而且大都不會有多大的改變，如果手是非常放鬆的放著的話，那麼我們便可以認爲是表示「可以」的意思。

另一方面，表示「不可以」的時候，和上面談到的剛好是相反的，手的動作一定是非常緊張，比如說，會用手指頭敲桌子，或者用手撫摸臉蛋。手一旦出現不自然的動作，大部分是因爲對方覺得不耐煩。

如果對方已經把手交叉放在頭部後面，或者不斷的玩弄打火機或筆之類的小東西的話，那就表示他對你的談話已經覺得很厭煩了。

如果發現對方出現這種動作的話，那你最好識趣一點，要意識到再勉強說下去也是沒有用的。

距離，意味著彼此的關係

不喜歡的人企圖闖入你的範圍，你就會自然而然的向後退。因此，通過和對方的距離，就可以判斷出對方對你的接受程度。

如果距離在四十五公分之內的話，那就代表著兩個人的親密度非常高。人總是想靠近喜歡的人，而對不喜歡的人總是採取敬而遠之的態度。

動物對於自己和對手的距離都非常敏感。我們和對方的距離意識從動物時代就開始了，用距離來衡量和對方的親密度，在生活中也很常見。

美國人類學家阿特沃特．霍爾，以親密度爲基準，將每個人和他的距離分爲「親密接觸距離」、「個體距離」、「社會距離」、「公衆距離」的四個階段，說明了我們對距離的需求。

阿特沃特．霍爾所說的四種距離如下：

親密接觸距離：○至四十五公分。這是一個可以進行親密接觸的可能距離，一般出現在夫婦、戀人之間。

個體距離：四十五公分至一百二十公分。可以清楚看對方，可以進行比較普通的接觸的距離，一般出現在朋友之間。

社會距離：一百二十公分至三百六十公分。這個距離要靠近對方需要一些努力，一般出現在工作上的接觸，或者禮貌性的交往當中。

公眾距離：三百六十公分至七百五十公分以上。和對方接觸的可能性非常低，一般出現在上課或者演講的場合。

以上談到的這些距離實際上有著文化方面的差異，僅供我們參考，因爲就東方人來說，比阿特沃特．霍爾的調查中出現的距離更遠一些。

即使有文化上的差異，看過這些資料，就可以很清楚由距離了解和對方的關係。比如說，當中親密度最高的「親密接觸距離」在四十五公分之內，這個距離是從手肘到手指頭的距離。戀人之間身體互相靠近，非常自然的就會達到這樣的距離，說明兩個人的關係進展得很好。

比較約略的說法是，把手臂伸直大概就是和朋友之間的距離，而兩隻手都伸直的距離，大概是和有工作關係的人之間的距離。當然，情況會因人而異，但是每個人都會潛意識的在自己的身邊設置一道看不見的障礙。

如果不喜歡的人突然逾越了這道障礙，企圖闖入你的範圍，你就會自然而然的向後退，保持著你所需要的距離。因此，目測自己和對方的距離，觀察對方的動作，就可以判斷出對方對你的接受程度。

雙腳會發出厭煩的信號

如果發現第一次見面的人的坐姿是緊閉雙腳的話，那就不要馬上進入談話的正題，先聊一些無關緊要的話題，讓對方的心情逐漸放鬆下來。

雙腳交叉坐著，到底是表示放鬆還是表示緊張？

不管是男性還是女性，在心情緊張的時候都會採取雙腳閉攏的坐姿。這種坐姿在表示「我謹遵您的教導」同時，也會給人一種很見外的感覺。這是因爲，緊閉雙腳是表示本能的「防禦姿勢」。

但是，這樣的姿勢持續很長一段時間的話，會覺得很累，因此，一旦可以稍微放鬆的時候，就會換成交叉著雙腳坐著的姿勢。這也是一種「防禦姿勢」，但是相對於雙腳併攏會比較輕鬆。

出現這樣的姿勢，是表示在傾聽對方談話的同時，自己也想發言，有著「相互的交流」的意思。

如果發現第一次見面的人的坐姿是緊閉雙腳的話，那就不要馬上進入談話的正題，先聊一些無關緊要的話題，讓對方的心情逐漸放鬆下來。當對方心情放鬆，轉成採取交叉著雙腳的姿勢的時候，再慢慢進入正題會比較好。

但是，如果發現對方頻繁的交換雙腳的話，那麼就到了該結束談話的階段。雙腳頻繁的交換這樣的姿勢，表示聽話人對談話已經開始厭煩了。即使還沒有談出結果，最好還是先告一個段落，另外再找機會繼續會比較好。

如果你沒有及時發現對方「厭煩的信號」的話，那麼你好不容易建立起來的溝通的平台可能會被毀壞。不要讓雙方的溝通過於鬆散，也不要太過於強調溝通的緊密，這樣雙方的溝通才會順利的進行，也只有這樣才算得上是高明的交際。

爲了達到這樣的效果，一定要密切注意談話過程中對方細微的暗示動作。

觀察對方雙手透露的訊息

交叉雙手的姿勢是一種本能的「防禦姿勢」，這是因為這時人們會無意識地想要保護重要的心臟。

雙手交叉的位置比較高的時候，對方的心理是怎樣的呢？

交叉雙手包含著很多的含義。最普遍的說法就是：交叉雙手是爲了給對方壓迫感。也就是心理學家們所謂的「威嚇信號」和「優越信號」。採用這樣的姿勢的人，大部分都是男性，而且，還可以根據這個姿勢推測出他們所從事的職業。

我們經常看到警察採用這樣的姿勢，比如說，我們經常會看到當事人在交涉的時候，站在他們的旁邊的警察就是採取這樣的姿勢。體育老師也是經常採取這個姿勢的族群。除此之外，職業棒球隊的教練也給人經常交叉雙手的印象。

我們可以理解，有的職業會讓人身不由己的想要交叉起雙手來，覺得有必要用各式各樣的方法給對方帶來壓迫感，同時強調自己的強大，因而從事這些職業的人就會經常採用這樣的姿勢。

這種強調自己的強大的交叉雙手姿勢的特徵，是把手交叉在胸部較高的位置上，而且雙手只是稍微交叉。這樣一來，會讓別人看起來覺得自己好像在發怒，而且整個肩膀和胸部看起來會比較發達，暗示自己的強大。

健美先生經常採取這樣的姿勢。把雙手交叉放在胸部較高的位置上，這樣的人一定是想要像健美先生一樣，向別人誇耀自己的強大。

把雙手交叉放在胸部較低的位置上的時候，表示什麼樣的意思呢？

不管是男性還是女性，當一個人想要表示自己堅定地拒絕的時候，一般都會採取交叉雙手的姿勢。這種交叉雙手的姿勢是一種本能的「防禦姿勢」，和前面提到的給予對方壓迫感的姿勢有很多地方不一樣。

最基本的不同就是雙手交叉的位置是處於胸部較低的位置。這是因爲，這時人們會無意識地想要保護重要的心臟。

採取這樣的姿勢走路的女性，如果有陌生人和她打招呼的話，那麼她一定會當作沒看到。另外，如果一個女性交叉著雙手，在百貨商店或者時裝店閒逛的時候，那麼就可以推測她只是看看而已，沒有要購買的意思。

此外，我們經常可以在電視新聞上看到，有的人即使在交談，也還是交叉著雙手毫不放鬆。比如說，在建築工地的現場，有一些居民舉行反對該項建設的運動，他們爲了不讓工作人員進入建設現場，一般就都採取這樣的姿勢。

「我們不想聽你們的話」，這樣的姿勢透露了這樣的意思，是一種很強烈的「拒絕姿勢」，在自己的內心建築起一道壁壘，用雙手交叉起來，阻止他人進入。

即使在會議等場合，我們也會看到這樣的姿勢，例如，在你發言的時候，有人交叉雙手的話，就表示那個人有可能會反對你的意見，很可能必須去回答那個人接下來提出的尖銳問題。

雙手表達的防禦性動作

如果你看到對方有類似交叉雙手的動作的話，代表著對方覺得他所處的場合讓他覺得不太舒服。

在會議當中，交叉著雙手的人會讓別的與會者覺得很沒有禮貌，而且還有會把自己的「防禦行動」暴露給對方的可能性。

特別是與會者都是第一次見面的人，更是會產生這樣的心理。在不認識的人群當中，本能的想要採取「防禦行動」，這樣的習慣往往會把自己的弱點暴露出來。但是，如果忍著不做交叉雙手的動作的話，就會覺得自己沒有防備，無法安心來，在這種時候，人往往會做出一些代替交叉雙手的動作。

以男性爲例，他們往往會扣緊襯衫的袖口，或者整理領帶等，透過這樣的動作來取代雙手交叉在胸前。這樣的動作和交叉雙手的「防禦動作」非常類似，所以也有緩和緊張感的作用。

雖然對方並沒有採取像交叉雙手這樣強烈的拒絕姿勢，但是，如果你看到對方有類似交叉雙手的動作的話，那麼你就要稍微緩解一下緊張的氣氛。因爲，不管是哪一種姿勢，都代表著對方覺得他所處的場合讓他覺得不太舒服。

女性把雙手交叉放在手提袋上面，也是類似的心理表現。穿著水手服和短裙的女學生，張開腳坐著的時候，還用兩手壓住兩腿旁的裙子，也和交叉雙手一樣，是一種「防禦行動」。

前面提到的女學生，在電車中張開雙腳坐著。但是，她們也用兩手放在大腿的中間，這也是一種很強烈的「防禦姿勢」。乍看之下，好像她們的動作很大膽，但是，解讀她們的潛意識就可以明瞭，其實她們也採取了「防禦行動」。

從眼神可以認識一個人

一直凝視對方的眼睛是十分不自然的。正常的方式應該是自然的交流視線，觀察對方的心理活動。

對自己沒有信心的人會凝視對方的眼睛。

交談的時候，一旦你一直盯著對方的眼睛看，那麼不管是誰都是把視線移開。這可以斷定爲對方「心理動搖了」，而且是你讓對方動搖的。根據心理學家納普的調查，一個人如果凝視著對方的話，那麼有以下四種情況。

一、尋求對方的回應。

二、希望用目光和對方交流。

三、想向對方表示友好的意思的時候。

四、想向對方表示敵對的意思的時候。

在這四種情況中，一和二是有意識的向對方輸送目光，有很強烈想和對方交流的意願。「交流」用心理學上經常使用的話來說，就是讓雙方的視線一致。

至於無意識的表示內心的，則是三和四這兩種情況。但是，如果在無意識下，一直持續看對方的眼睛，可能就會讓對方覺得你的目光裡有著「作對」的含義。

在心理學家阿卡依奴的實驗當中，當兩個人在談話的時候，聽話的人看著說話人的時間較長，而說話人看聽話人的時候則相對會少些。雙方視線交會的時間一般是一．五秒，這是普通的談話中出現的視線的狀態。

一般來說，女性經常在談話的時候盯著對方看，如果談話雙方都是男性，互相盯著對方看的時間相對的比較少。

但是，當在談話當中，有的人卻一直盯著對方看。這是因爲，在一些指導書上經常寫著：「看著對方的眼睛，比較能夠說服對方。因此，在談話的時候，一定要注視對方的眼睛。」在培訓營業員的課程上，也經常說到同樣的事情。

確實，持續看著對方的話，一定可以及時看出對方的心理變化。但是，常常有人只是一絲不苟的照著指導書上寫的做，養成了凝視對方視線的習慣。

如果你發現你的身邊有這樣的人，就可以理解，這樣的人只不過是照著指導書上說的來做而已，也就是說他們對自己的言行毫無信心。

交談的時候看著對方的眼睛是非常重要的，但是一直凝視對方的眼睛卻是十分不自然的。正常的方式應該是自然的交流視線，觀察對方的心理活動。

凝視對方的時候，在無意識的情況下，你想要說服對方，或者說想要支配對方的心理反而會暴露，倒不如進行自然的視線交流，這時，只需要一個眼神就可以大概瞭解對方是怎樣的一個人了。

瞳孔會真實反應內心變化

如果上司對你的計劃書感興趣，即使面無表情，瞳孔也會擴大。表情可以隱藏內心的活動，但是，瞳孔卻會真實的反應內心的變化。

看到自己喜歡的東西的時候，人的瞳孔會張大。

從陰暗的地方走到光亮的地方，人的瞳孔就會縮小，這是因爲我們的瞳孔，有著和照相機的光圈一樣的功能。

但是，人的瞳孔並不僅在對光進行反應的時候才會張大和縮小。比如說，男性在看到女性的裸體照片的時候，即使沒有光線的因素，瞳孔也會張大。

芝加哥大學的一位心理學家，曾經以「瞳孔的大小和興趣的強弱」爲主題，設計了一系列的實驗。在接受實驗的男性和女性當中，分別看了「女性裸體」、「男性裸體」、「風景」、「嬰兒」、「抱著嬰孩的母親」這樣五組照片，同時觀察他們瞳孔大小的變化。

根據這個實驗的結果，男性在看到「女性裸體」，女性在看到「男性裸體」、「嬰兒」、「抱著嬰孩的母親」這幾組照片的時候，瞳孔會張大。

實驗顯示，人的瞳孔對有興趣的事物，或認真的沉迷於某個事物的時候會張大。反過來說，看了不想看到的事物，或讓人感到厭煩的事物時，瞳孔則會縮小。看到恐怖電影中的驚險鏡頭的時候，人的瞳孔一定是一下子就縮小了。

受薪階級也可以透過瞳孔變化，摸清上司真正的想法。當你拿著新的計劃書交給面無表情的上司的時候，就可以稍微觀察一下上司的瞳孔，如果上司對你的計劃書感興趣，即使面無表情，他的瞳孔也會擴大。

表情可以隱藏內心的活動，但是，瞳孔卻會真實的反應內心的變化。

躲避別人的視線，是為了隱藏自己

有種人喜歡閃避別人的視線，追究這種心理因素，是因為這種人不習慣被別人注視，深怕別人會從他的眼神中讀出自己內心暗藏的秘密。

一位知名的國際導演曾說，一部成功的電影，除了演員的演技必須精湛之外，「眼技」也相當重要，許多扣人心絃的影片中，演員的眼神流轉就發揮畫龍點睛的效果，增添了不少戲劇張力。

所謂的「眼技」，就是眼睛的表演技巧。

在日常生活中，巧妙地運用眼神，具有相當重要的情感交流作用。雖然職業演員對於眼睛的運用較爲得心應手，但對一般人而言，只要持之以恆地練習，眼睛也可以成為情感交流的重要媒介。相對的，只要我們細心觀察，也不難發覺，其實不同種類的眼神，分別傳遞著不同的感情或訊息。

觀察一個人的眼神，最重要的是必須先觀察他的視線。

視線即眼睛注視的方向；眼睛轉動的方向有異，帶給人們的感覺也就不同。關於這一點，專家們的研究結果已充分地加以證實。譬如，一個人眼神渙散，視線流動不定，就意味這個人內心起伏不定、心思複雜或者萌生邪惡的想法。根據資料顯示，犯罪者應訊之時的眼神，多屬這種類型。

有的人喜歡閃避別人的視線，追究這種心理因素，是因為這種人不習慣被別人注視，深怕別人會從他的眼神中讀出自己內心暗藏的秘密，有時連偶而的瞥視也不願意。在心理學上來說，這是一種試圖隱藏自己的心理反射動作。

從這個角度而言，與其說眼睛是靈魂之窗，倒不如說視線是靈魂之窗更為貼切。視線可以相當明確的表示出自我意識，譬如我們睜開眼睛一下，然後隨即閉上，這種姿態意味著信任，而當我們的視線居高臨下，則含有保護和訓誡的意味。

利用小動作對付惹人厭的傢伙

有許多人利用一些不討人喜歡的小動作，來暗示對方應立即打住談話，尤其對方是個惹人討厭的傢伙時。

有位肢體語言專家一走進一個團體，馬上就能找出領導人物來。這是因爲他有相當豐富的經驗，能夠經由察言觀色找出團體中的關鍵人物。他表示，能夠成爲代表人物，基本上有以下三種特徵：

1. 是一個負責服從，措辭莊重嚴謹的人。
2. 沒有不良的動作，譬如跟人講話時雙腳搖晃，或者用筆敲桌子……等等。
3. 大家意見紛雜時，不表示反對的意思，即使反對，次數也非常少。

這位肢體語言專家說，領導人物所應具備的這三個條件，最重要的是第三點，這顯示出他具有相當寬闊的包容力。至於第二點，在肢體語言學之中也頗爲重要，大抵而言，喜歡做些毫無意義小動作的人，交流能力並不佳，而且這些現象並不會隨著年齡的增長而漸次遞減。

根據肢體語言學顯示，喜歡做些無意識小動作的人，正表示他根本不注意傾聽對方的講話，這種漫不經心的態度，會帶給對方不悅的感覺，是我們應該特別留意的細節。

當然，也有許多人利用一些不討人喜歡的小動作，來暗示對方應立即打住談話，尤其對方是個惹人討厭的傢伙時。

譬如交換交叉的雙腿，不斷撫摸下巴，或者用手搔鼻，拿出紙巾來擦臉……等等動作，可以一邊聽對方談話，一邊把這些肢體語言傳達給對方，讓他知難而退，免得浪費彼此的時間。

這也是回絕推銷的好方法，因爲這些舉動，無形之中會在交談時產生心理屏障，而不能達成買賣行爲。

但以這種方法來構築心理上的屏障，雖然能產生作用，達到自己的目的，卻會給人一種幼稚而不成熟的觀感，這種情形就和演員扮演比自己年輕許多的角色時，必須透過各種矯揉造作的的小動作來表達劇情是一樣的。

PART 7.

從社交方式
破譯心理密碼

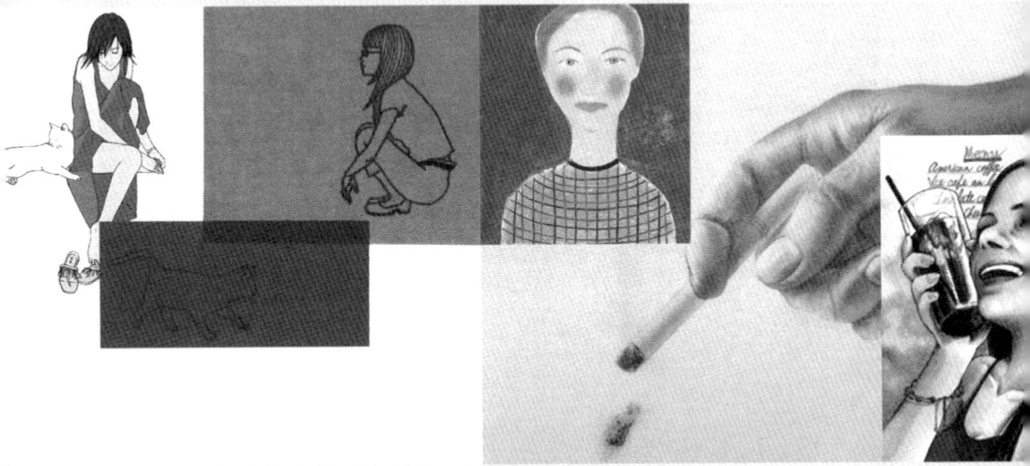

在錯綜複雜的人際關係中，
學會辨認說謊者的假動作是非常重要，
也是必要的技巧，掌握這些技巧，
就可有效助你識破對方的謊言。

色彩與色調中的性格密碼

色彩和色調就像性格的解碼器。人類的心理與色彩、色調之間，有著十分密切的關係，從一個人對色彩、色調的選擇，可以觀察出性格和心理。

人類的心理與色彩之間，有著十分密切的關係。

每個人都有自己喜歡的色彩和色調，並將這種喜好延伸到生活和工作等各個方面，因此從一個人對色彩、色調的選擇，可以觀察出他的性格和心理。

・喜歡紅色的人

喜歡紅色的人大多性格外向，活潑好動，行動力強，運動神經也很發達。不過，他們的行動總是先於思考，說話口無遮攔，情緒起伏較大，一旦發起火來，後果不堪設想。

此外，喜歡紅色的人大多熱情，而且極富正義感。他們還很健談，說起話來經常手舞足蹈。

喜歡紅色的人頗有魅力，但也有任性的一面。

當人們渴望愛情時，也會傾向於喜歡紅色。

• 喜歡黃色的人

喜歡黃色的人很理性、有上進心，喜歡新事物，討厭一成不變，好奇心強、愛好鑽研……總之，喜歡黃色的人絕對是個「挑戰者」。

他們性格獨特，在人群中往往是中心人物，有著獨樹一幟的想法，具備走向成功的能力和推動力。

喜歡黃色的人是理想主義者，擅長制定各種計劃，並一步步實現。不過，他們愛「打小算盤」，這是一個中性的特點，好壞參半。

喜歡黃色的人還有依賴他人的傾向，在心理上，他們比較孩子氣，喜歡自由自在，害怕受到束縛。

不過，雖然同是黃色系，喜歡奶油色這種淡黃色的人性格卻很穩定，平衡局面的能力也很強。

• 喜歡綠色的人

喜歡綠色的人社會意識比較強，態度認眞，社交能力不錯，可以和周圍的人和睦共處，但是警惕性非常高，不願相信任何人。

雖然他們的社交能力不錯，但不是很喜歡與人相處，他們更希望在大自然中與動植物悠然相處。

喜歡綠色的人待人禮貌，個性率直，基本不會掩飾內心的想法，會把自己的信念表達出來，並爲了信念而努力。

喜歡綠色的人好奇心也很強，但通常不會積極採取行動，大多時候都要等同伴召喚才會行動，不願當領頭羊。再者，喜歡綠色的人還很敏感，會深入思考，把問題分析得很透徹。

綠色也分很多種，喜歡黃綠、蘋果綠等綠中帶黃的人，性情友好、圓融，與喜歡普通綠色的人相比更善於社交，這種人行動力強，但性情溫順；喜歡深綠色的人則沉著、冷靜、幹練且性格溫厚。

・喜歡藍色的人

藍色本身是一種容易令人產生遐想的色彩，喜歡這種顏色的人比較嚴肅深沉，平時態度安定，遇事能保持鎮定自若。

這類人不僅有很強的團隊協調能力，還很講究禮貌，為人也很謙虛。此外，他們還是謹慎派，除嚴格遵守各種規則之外，不管做任何事，行動前都會制定周密的計劃。

喜歡藍色的人也有缺點，那就是容易固執己見。喜歡和平、不好鬥的性格有時會顯得懦弱，面對強硬的對手或上司，會壓抑自己、委曲求全，不會說出自己的真實想法。

此外，喜歡不同種類藍色的人，在性格上也有微妙的差異。

喜歡天藍、水藍等明亮藍色的人，一般非常感性，能夠自如表達心中的想法。他們雖然不具備社交型人的性格，卻會透過某種形式與這個世界建立聯繫。喜歡藏青色等深藍色的人，一般比較理性，喜歡凌駕於他人之上，女性則自立的決心比較強，在工作中可以找到人生的價值。

• 喜歡灰色的人

喜歡灰色的人，大多做事幹練、教養良好而且知識豐富，總是為別人著想，與人方便。

喜歡灰色的人性格內斂，不會過度興奮，顯得穩重，生活也穩穩當當，會巧妙地避開人生中的各種障礙。

如果說喜歡黑色的人傾向於利用黑色阻擋外界的壓力，那麼喜歡灰色的人則是利用灰色來中和或減弱外界的壓力。喜歡灰色的人大多具有平衡局面的能力，很受歡迎。

喜歡銀灰色或亮灰色的人更有都市感，不僅時髦，還有很敏銳的時尚感。喜歡深灰色和灰黑色等濃重灰色的人，則具有穩定感，也追求穩定感，給人一種安心的感覺。

• 喜歡橙色的人

喜歡橙色的人活動力強，而且精力充沛，但不過於好動。這種人基本上性格開朗，不怕生、不拘束，但也有個別的人不太善於交際。

喜歡橙色的人競爭心強，從不認輸，喜怒哀樂表現得很激烈，而且支配慾很強，一旦決定要做的事情就一定會堅持到底。他們注意力集中，做事效率高，對設計和色彩比較敏感，具有一定的天賦。

喜歡橙色的人還喜歡說話，在衆人面前，會盡自己的所能讓場面熱烈起來，爲此，不惜勉強自己。

• 喜歡粉色的人

喜歡粉色的人性格穩重、溫柔，大多都是和平主義者。其中，喜歡淡粉色人不僅具有高貴典雅的氣質，還很會照顧他人。喜歡深粉色的人則在性格上比較接近喜歡紅色的人，有活潑熱情的一面。

喜歡粉色系的女性非常敏感，容易受到傷害，獨處時總是沉浸在幻想中，嚮往著浪漫的愛情和完美的婚姻。

喜歡粉色系的男性也有著溫柔的個性，心胸比較寬廣。

喜歡粉色的人對各種事物都容易產生興趣，卻不願主動探究，還有依賴他人的傾向。

‧喜歡白色的人

白色是一種潔淨的顏色，象徵純眞、樸素、神聖，因此喜愛白顏色的人顯得單純，但志向高遠，有一定的進取心，不論對戀愛還是事業，都抱有很高的理想和追求，而且多半是完美主義者。

喜歡白色的人會向著自己的目標努力，態度認眞、才能出衆。此外，喜歡白色的人大都有一顆溫柔、善良的心，家庭觀念也很強。

喜歡白色的人常帶著好奇觀察周圍的人，也容易與周遭渾爲一體。白色給人一種害羞的感覺，實際上他們非常外向活潑。喜歡白色的人無論做什麼，總是帶著聖潔的生活態度，別人也會這樣認定他們。

・喜歡黑色的人

喜歡黑色的人從性格上大致可以分爲兩類，即「善於運用黑色的人」和「利用黑色進行逃避的人」。

善於運用黑色的人精明而幹練，擁有打動人心的力量，能很好地處理各種局面，讓別人在黑色中感覺到自己的理性和智慧。

利用黑色進行逃避的人大多很在乎別人眼光，挑選衣服時，選來選去最後還是選了黑色的人大多屬於這一類。他們害怕別人對自己品頭論足，因而買衣服時常挑黑色，這其實是一種逃避心理。不過，這類性格的人中，有不少非常有自信，甚至還有些固執。

・選擇茶色的人

喜歡茶色的人很在乎事物內層的精神性表現，雖然不太引人注目，但是具有良好的內在潛質，誠實又富有責任感，很容易被別人接納。

缺點是，有時會太過於孜孜不倦，顯得有些不知變通，對於容易明白的事情，偶爾也會做無謂的深刻思考。

色彩和色調就像性格的解碼器，不妨跟不相熟的朋友做個色彩的小測試，這樣即可從側面瞭解他的性格。

識破說謊者的假動作

在錯綜複雜的人際關係中，學會辨認說謊者的假動作是非常重要，也是必要的技巧，掌握這些技巧，就可有效助你識破對方的謊言。

謊言可能有一千張臉孔，但它的身軀卻只有一個：欺騙。要擺脫上當受騙的局面，唯一有效的辦法就是撕開說謊者僞裝的臉孔，讓虛假的面目暴露出來。

說謊的人雖然慣於以美麗的言行來包裝、掩飾自己的眞實意圖，讓人信以爲眞，但是總有一些不經意的動作或手勢會顯露出他其實是在說謊，只是平常我們沒有留意觀察而已。

以下就是說謊者常會在無心之中習慣性表現出來的一些肢體動作：

• 掩嘴

「掩嘴」，就是把拇指觸在臉頰上，用手遮住嘴的部位，這是一種明顯未成熟、帶有孩子氣的動作。這個動作或許是因爲說謊的人在潛意識中試圖抑制自己說出那些騙人的話，於是用手遮住嘴巴。此外，也有人會假裝咳嗽來掩飾掩嘴的動作，分散別人的注意力。

如果與你談話的人常有掩嘴的手勢，說明他也許正在說謊話；而當你在說話時，對方若掩著嘴，則說明你所說的話令他不滿意。

有時，掩嘴的動作會以不同的形式出現，比如用指尖輕輕觸摸一下嘴唇，或用緊握的拳頭嘴遮住，意思都一樣。

• 摸鼻子

人們在觸摸鼻子時，通常會用手在鼻子上摩擦一會兒，或搔抓一下，不會只是輕輕碰觸一下。

當一個人說謊後，大腦會判斷這是不好的行爲，於是會下意識地指示手去做掩嘴的動作，但又害怕別人看出自己在說謊，因此只是在鼻子下沿很快地摩擦幾下，甚至僅略微輕觸，就馬上把手放下來。

不過，觸摸鼻子的手勢需要結合其他肢體語言來進行解讀，因爲有時候由於過敏或感冒等因素，也會做出觸摸鼻子的動作。

•揉眼睛

人們在說謊時，爲了防止別人看出本身虛假的表情，往往會用揉眼睛的動作來加以掩飾，避開與人目光接觸。

男人說謊時，一般會用力揉眼睛。如果是撒了大謊，說話時常則會將視線轉移到別的地方，通常是看著地板。

女人說謊時，一般只會輕揉眼睛下方部位，這樣做一是避免動作太過粗魯，二是怕弄花臉上的妝。女性爲了避開對方的目光，眼睛常會看著天花板。

• 拉拽衣領

研究發現，說謊會引起敏感的臉部和頸部組織產生刺癢的感覺，因此會透過摩擦或抓撓的動作來消除這種不適。

這種現象不僅能解釋爲什麼人們在感到疑惑的時候會抓撓脖子，還能解釋爲什麼說謊者在擔心謊言被識破時，會頻頻拉拽衣領。這是因爲說謊者一旦感覺到別人的懷疑，增強的血壓會使脖子不斷冒汗。

所以，當你看到談話的對象在做拉拽衣領的動作時，不妨對他說「麻煩你再說一遍，好嗎？」或者：「請你有話直說吧，行嗎？」這樣就會讓企圖說謊的人露出馬腳了。

• 搓耳朵

搓耳朵的手勢通常意味著內心慶幸聽話者沒有聽出謊言。搓耳朵的變化形式還包括拉扯耳朵，這種手勢是小孩子雙手掩耳動作的一種重現。

搓耳朵的說謊者還會做出摩擦耳廓背後、把指尖伸進耳道裡面掏耳朵、把整個耳廓折向前方蓋住耳洞……等等動作。

另外，當人們覺得自己聽得夠煩了，或想要開口說話時，也可能會做出抓撓耳朵的動作。

‧抓脖子

說謊的人常會以慣用手的食指撓抓耳垂下方的脖子部位。有趣的是，這種手勢通常要撓抓上五次左右。

笑容虛假，是說謊的有力證據

識別謊言的一個關鍵線索就是假笑。行為心理學家研究顯示，微笑並伴隨著較高的說話音調，是揭穿謊言的最有力的證據。

說謊者除了常會做出以上幾種假動作外，還會有其他一些異常的反應。例如，平時沉默寡言，卻突然變得口若懸河；不自覺地流露出驚恐的神態，但仍故作鎮定。此外，說話時言詞模稜兩可，音調較平常高，似是而非，或是答非所問，或誇大其詞。

說謊之時會閃爍其詞，口誤較多；對你所懷疑的問題，一味辯解，並裝出很誠實的樣子。有時候，他們也會精神恍惚，座位距你較遠，目光與你接觸較少，強作笑臉。

在錯綜複雜的人際關係中，學會辨認說謊者的假動作是非常重要，也是必要的技巧，掌握這些技巧，就可有效幫助你識破對方的謊言。

識別謊言的一個關鍵線索就是假笑。

行為心理學家研究顯示，微笑並伴隨著較高的說話音調，是揭穿謊言的最有力的證據。假笑是不帶情感的，因此說謊者的微笑很少表現真實的情感，更多的是為了掩飾內心的虛假，因此微笑時神情常顯得有些茫然，嘴角上揚，一副似笑非笑的模樣，好像在說：「這絕非是我的真實感受。」

要識別假笑並不是那麼容易，下面幾種面部表情卻會無意識地讓說謊者的假笑暴露無遺。

- 假笑時只運用大顴骨部位的肌肉，只是嘴動了動，眼睛周圍的輪匝肌和臉頰拉長，這就是假笑。

微笑反映了愉悅的情緒，當臉頰肌強力收縮之時，會拉長嘴唇，扯動整個臉頰向上，使得眼睛下的皮膚鬆垂，同時使眼角下的魚尾紋起皺。

至於假笑，則不像微笑那樣分佈對稱，眼睛周圍的肌肉並沒有隨之一起運動，因此眼睛不會眯起。為了補償這些缺陷，有些撒謊者會將大顴骨部位的肌肉層層皺起來，因為這個動作會影響到眼輪匝肌和鬆弛的臉頰，能使眼睛眯起，使假笑看起來更加真實可信。

- 假笑保持的時間特別長。

真實微笑持續時間大約只在三分之二秒到四秒之間，時間長短主要取決於感情的強烈程度。假笑則不同，它就像聚會後仍不肯離去的客人一樣讓人感到彆扭。其實，任何一種表情如果持續的時間超過五秒鐘至十秒鐘，大部分都可能是假的，只有一些強烈情感的展現如憤怒、狂喜例外。

- 假笑時，鼻孔兩邊的表情常常會有些許的不對稱。

最明顯的徵兆是，習慣於用右手的人，假笑時左嘴角會挑得更高；習慣於用左手的人，右嘴角挑得更高。

握手方式顯示性格特徵

握手是一種語言，是一種無聲的動作語言，握手的力度、姿勢與時間的長短，可透露出一個人的心態及性格特點。

初次見面，表現在肢體語言上，最直接的動作就是握手。雖然只是簡單的一握，其中卻有很大的學問。

握手既是現代社會人們交往中最基本的禮節，也是觀察他人內心活動，解讀他人心理暗號的最好機會。

美國著名女作家海倫·凱勒就曾描述自己與人握手的不同感受：「有的人握手能拒人千里……我握著他們冷冰冰的指頭，就像和凜冽的北風握手一樣。也有些人的手充滿陽光，握著他們的手，感覺溫暖。」

握手是一種無聲的動作語言，不僅是相互傳情遞意的方式，而且從握手的力度、姿勢與時間的長短，都可透露出一個人的心態及性格特點。只要用心去解讀，就能感受到對方的內心透過手掌傳遞過來的訊息。

• 握手時力量很大，甚至讓對方有疼痛感的人

這種人多半逞強而又自負，但這種握手的方式在一定程度上又說明了他們的內心比較眞誠和熱情，同時性格也是坦率而又堅強的。

• 握手時顯得不積極主動，手臂呈彎曲狀態，並往自身貼近的人

這種人屬於小心謹愼，封閉保守型，大多是悲觀主義者。他們不關心別人，對人缺乏善意，在他們眼中，所有人都顯得索然無味，尤其是談話的對方。

• 握手時只是輕輕接觸，握得不緊也沒有力量的人

這種握手多半出現在女性和男性之間，是一種禮貌性握手，並不打算把體溫

傳遞給對方。

如果出現在同性握手時，就說明這種人屬於內向型人，時常悲觀，情緒低落，有點神經質，性格平和而敏感，情緒易激動，稍微的風吹草動都會讓他們坐臥不寧，惶惶不可終日。但由於們心地善良而富有同情心，能夠接納各式各樣的人，因此擁有很多朋友。

在工作中，他們時常三心二意，做事草率，缺乏責任心和愛心。

• 握手時顯得遲疑，在對方伸出手以後，自己猶豫了一下，才慢慢地把手遞過去的人

排除掉一些特殊情況以外，在握手時有這種表現的人，性格內向，且缺少判斷力，不夠果斷。他們連握手這麼小的事都拿不定主意，更別提處理較大或關係重大的事了。

• 握手時，緊緊握住對方的手，並且不斷地上下搖晃的人

這種人表面看似很熱情的樣子，實際上卻非常虛偽，喜歡做表面文章。他們喜愛自我吹捧、出鋒頭，企圖讓所有的人都覺得他很熱情很親切，但常適得其反，讓人很反感。

• 握著對方的手，握了很長的時間還不收回的人

如果對方握著你的手，很長時間沒有收回，一種情況是表示他對你很感興趣，想與你更深入的交流，另一種則表示他是個十分饒舌的人。這種人做事通常漫無頭緒、缺乏效率，而且缺乏交際經驗。

但是，如果在談判前，對方握著你的手久久不放，則可能是他在測驗你們之間的支配權。

如果你先把手抽出、收回，則說明你沒有對方有耐力，交涉時勝算不太大。在這種情況下，誰能堅持到最後，誰勝算的把握就大一些。

• 與人接觸時，把對方的手握得很緊，但只握一下就馬上拿開的人

這樣的人與人交往時能夠處理好各種關係，與每個人都很友善，可以做到遊刃有餘。但這可能只是假象，其實他們是非常多疑的，不會輕易地相信任何一個人，即使別人非常真誠和友好，也會加倍地提防、小心。

• 握手時，掌心出汗的人

一般來說，握手時手掌心出汗的人，大多數屬於神經質類型，情緒容易激動，內心不易維持平衡，相對比較敏感。

這種人表面上常表現得淡定，一副泰然自若的樣子，但內心卻非常緊張、不安。只是，他們懂得用各種方法，比如語言、姿勢等來掩飾自己的不安情緒，避免暴露出缺點和弱點。

在危難的時候，或許有人會把他們當成救星，但實際上，他們心裡可能比他人還要慌亂。

有些女性看起來冷若冰霜，但當男性握手時，手心卻出汗，這表示眼前的男性引起了她的某種興奮。

• 握手時顯得有氣無力，好像只是為了應付一件不得不做的事情

這種人性格內向、軟弱，做事缺乏果斷、俐落的幹勁和魄力，不時顯得猶豫不決。他們雖然希望引起他人的注意，往往事與願違。

另外，握手無力還可能反映出另一種心態，那就是傲慢、冷淡、矜持。不過，這種人不是對誰都這樣握手的。

• 不與人握手，還把別人的手推回去的人

會做出這種不禮貌行爲的人有較強的防禦心理，由於缺乏安全感，時刻都在抗拒別人。

他們不會主動接近別人，也不允許別人輕易接近自己，和別人太過親近會使他們的不安全感更加強烈。之所以這樣，很大程度上是由於自卑心理作怪。

• 握手前先從上到下打量對方，或者緊盯著對方的眼睛觀察的人

這樣的人好勝，在任何人面前都想佔據優勢，想讓對方有一種被審視的感覺，暗示自己會將對方置於劣勢。這種交往方式會使對方無形中在內心豎立起一道防線，談話還沒有眞正開始便已經火藥味十足了。

這樣握手的人很難獲得朋友，如果這種握手方式成爲習慣，那麼可以肯定，他們不管在什麼領域不容易獲得大的成功。

• 像虎頭鉗一樣緊握著對方的手的人

這種人絕大多數時候都顯得冷淡、漠然，有時甚至是冷酷。他們雖然希望自己能夠征服別人、領導別人，但會巧妙地隱藏起這種想法，運用某些策略和技巧達到自己的目的。

從這一方面來說，這種人是非常工於心計的。

• 用雙手和別人握手的人

這種人大多相當熱情，有時甚至熱情過了頭，讓人覺得無法接受。

他們具有反傳統的叛逆性格，喜歡自由自在，按照自己的意願生活，不習慣於受到約束和限制，因此不太注重禮儀、社交等各方面的規矩。大多數時候，他們不太拘於小節。

• 握手時力度適當，動作穩實，雙目注視對方的人

這種人在心理上有著較強的優勢，是不大容易妥協的人。他們個性堅毅、坦率，有責任感，值得信賴，而且思想縝密，善於推理，經常爲別人提出有建設性的意見。每當困難出現時，他們總能迅速提出可行的解決方案，深得他人的尊重。

這樣的人很重視朋友，一旦建立友誼，則忠誠不渝。

打招呼的方式彰顯人的性格

每個人和別人打招呼的方式都不同的，透過一個人打招呼的方式，也可以揣摩他的心思和心理活動。

打招呼是聯絡感情的手段、增進友誼的紐帶，原來是只限於熟人之間的，但隨著社會交往越來越廣泛，和陌生人打招呼的情形也屢見不鮮，成爲了一種生活禮儀形式。

打招呼的舉動雖然司空見慣，但每個人和別人打招呼的方式都有所不同，觀察一個人打招呼的方式，也能看透他的心思，洞察他的心理活動。

• 一面注視著對方，一面點頭打招呼的人

這種人具有強烈的自我意識和攻擊性，除對他人懷有戒心，還具有處於優勢地位的慾望。

打招呼時，一直凝視著對方的眼睛，就是企圖透過打招呼來觀察對方的心理狀態，並暗自思量如何讓自己在氣勢上壓過對方。

這種人爭強好勝，且疑心重，不容易相信他人，所以與這類人交往時，一定要先保護好自己，切勿輕易暴露自己的弱點，否則不但會被對方瞧不起，還很容易被他們左右。

• 打招呼時，眼睛不看對方，將目光移往他處的人

這種人內心懷有強烈的自卑感，適應環境的能力不佳，對陌生人和陌生環境懷有恐懼心理。處事缺乏自信，常常猶豫不決。

不過，當女孩子對某位異性心存好感時，往往也會故意不正眼看人，即使與她面對面相遇，也會採取把目光轉向別處的做法。其實，這只是煙霧彈，是用相反的方式提醒對方，她已經對他敞開了胸懷。

‧打招呼時，有意識地退後幾步，和對方保持一定距離的人

這種人或許自認為這是一種禮貌或是謙讓，但別人卻會認為他們是有意拒絕人，故意拉開距離。

之所以出現下意識地後退的現象，可能是因為他們的防衛和警戒心理較強，對交往有所顧忌，恐懼；或者想透過這種讓渡空間的方式放低姿態，表達自己謙虛的一面，好讓交往可以順利進行並向深處發展。

‧以拍打肩膀方式打招呼的人

有些人習慣以拍打肩膀的方式與人打招呼，這種人為人很高調，而且總喜歡把有利的氣氛導向自己這邊。

如果從側面拍打，是表示對對方的肯定和讚賞；如果是從正面或上面拍打，則說明他在向對方顯示自己的地位和權力，想在氣勢上壓倒對方，逼迫對方的心理狀態處於劣勢。

•很少或者從來不跟別人打招呼的人

有些人即使與熟人面對面而遇也不打招呼，這有兩種情況。

一種是他們太過繁忙，連在走路的時候都保持思索狀態，因此沒有注意到，或是倉促間一時想不起對方的姓名，只好乾瞪眼，或把頭一低繼續趕路。另一種情況是這類人性格孤僻，而且自以爲是。

後者雖然在工作中與學習上都相當勤奮，但總是孤軍奮戰，成果並沒有想像中那麼如意。

•看到熟人繞道的人

有的人看到熟人的時候，不但不迎上去主動打招呼，反而繞道而行，老遠就逃避開去。

出現這種情況主要有三方面的可能：一是因爲心虛，他們一定做過對不起對方的事情，最常見的情況是欠債不還。二是心胸狹窄，容易記仇，那個熟人可能得罪過他們，令他們厭惡透頂，因而不願意打招呼，哪怕是擦肩而過。三是有自卑傾向，羞於見人。

看似再簡單不過的打招呼，卻隱含著許多秘密，相信這是很多人都意想不到的。只要細心留意別人跟你打招呼的方式，一定能更加準確地認識和瞭解對方，把握他們的心理狀態。

從喝酒的舉動讀懂人的性情

每個人的性格、思想和經歷不同，反應出來的酒後行為也就不同，只要細心觀察，你就能加以判斷，更加瞭解對方。

「酒後吐眞言」、「酒品如人品」，說的都是酒後表現與性格的關係。

按弗洛伊德的人格結構理論，人格由原我、自我和超我構成。原我反映人的生物本能，按快樂原則行事，是「原始的人」。自我尋求在環境條件允許的情況下讓本能衝動能夠得到滿足，是人格的執行者，按現實原則行事，是「現實的人」。超我追求完美，代表了人的社會性，是「道德的人」。

平時，「超我」始終強有力地控制和壓制著人內心的種種慾望和困擾。而當喝酒的時候，由於自我控制力量減弱，對外界的評價注意力下降，人往往會將平時被壓制的一面表現出來。所以從喝酒後表現出的態度來透析一個人的真實性情和內心想法，有一定的準確性。

具體來說，人喝酒後做出的異常舉動有下面幾種情況，可以透這些舉止來判斷其性情。

• 喝酒時喜歡喊「乾杯」的人

有的人喝酒時會不斷喊「乾杯」，企圖激起大家的興致。

這類人貌似熱情、爽朗，實際上性格比較冷淡，性情冷漠，工於心計，平時十分在意自己的外表，習慣於發號施令。他們的個性比較倔強，但外表看起來和藹可親，易於親近。

• 酒後喜歡爭吵，甚至會動手打架的人

這種類型的人性格內向、剛強，情緒極不穩定，具有強烈的反抗心理。他們平時少言寡語，自尊心很強，怕別人看不起，但由於內心有強烈的慾望得不到滿足，因而產生自卑感。

這樣的人喝酒之後，不滿的情緒就像是開閘的洪水一樣傾瀉而出，看誰都不順眼，看誰都生氣，摔杯子、摔椅子，到處找人爭吵，甚至動手打架。

・平時沉默寡言，喝了酒卻變得喋喋不休

這種人性格內向，待人接物非常有禮貌，做事非常認真，有耐性、守秩序，對於長輩恭恭敬敬，對於異性也很認真，絕不會輕易開玩笑，總而言之，是正經拘謹的人。

但由於現實生活帶給他們的壓力非常大，因此他們會依靠喝酒來減緩這些精神壓力，一旦喝了酒就開始喋喋不休，還會莫名其妙地吃吃傻笑。

・酒後喜歡和人開玩笑的人

這種類型的人性格開朗，熱愛生活，是典型的現實主義者，是願意把歡樂到處播散的人。他們平時就喜歡和別人開玩笑，喝完酒後有過之而無不及，無論大人孩子都不放過。這樣的人面對不平坦的人生之路，依然一心向上。

• 喝了酒就喜歡唱歌的人

這種人性格開朗活潑，個性隨和，全身上下時刻洋溢著活力，喜歡冒險。他們生活起居規律，工作和私生活分得很清楚，在困難和挫折面前不會有畏懼之心，往往將自己的個性和技術在工作領域上發揮得淋漓盡致。

• 只喝一點酒就說自己醉了的人

這是屬於不喜歡和別人一起玩鬧的孤立型，在性格上比較獨立，不太能表現自己，社交圈狹窄。雖然一有想法，他們就會積極去做，但往往容易得罪人。這樣的人，通常很想有所表現卻又覺得不安，於是藉著喝酒後來改變平日的生活或形象。

• 一喝醉就流淚的人

有的人喝了酒就會湧動出悲傷情緒，醉了就會流淚。這種人性格比較內向，極富感性，對於人際交往顯得比較生疏，經常會壓抑自己的情緒和情感。他們具有強烈的自我，也是個浪漫主義者。

• 在酒後立刻入睡或雙手叉著就睡著的人

這種人性格通常內向，而且意志薄弱，對於周遭的事物，多半以好好先生的姿態出現。他們不敢反抗上司、長輩的威嚴，處事優柔寡斷，缺乏魄力。不過，他們對異性卻是收放自如，很能博得異性的青睞。

• 喝醉後就不斷向人鞠躬，同時又會向旁人嘮叨抱怨的人

這種人多半個性強，而且比較有行動力，許多運動員就是屬於這種類型。雖然他們在醉酒時會頻頻低頭道歉，但也常有無意識的粗暴舉動出現。

• 一喝醉就猛打電話的人

這種人渴望他人關懷，由於日積月累的心理緊張，一脫離日常環境時，就會想方設法地釋放。他們平常生活很壓抑，所以會藉著喝酒掙脫束縛，爲了消除孤獨感和依賴心，需要別人給予關懷和注意，於是便不斷打電話給朋友，尋求慰藉。

・喜歡獨自一人默默喝酒的人

這是落寞寡歡型之人，拙於交際與辭令的表達，個性孤獨。這樣的人很理智，能明辨是非，心性上卻怯懦及消極。

・喝酒後喜歡毛手毛腳的人

這屬於寂寞型的男人，平常少有可以傾談的對象，也禁不起別人的批評，不能忍受被人忽視的感覺。他們的欲求在現實生活中不能獲得滿足，因此經常會抱怨世俗的一些瑣事。

・喜歡續攤繼續喝的人

這種人喜歡嘻嘻哈哈、愛熱鬧，聰明且具才能，但好勝心強。他們喜歡交朋友，也喜歡展示酒量或財富，不喜歡佔人便宜，常會搶著付帳，以避免虧欠別人或被視爲小氣。

• 喝酒喜歡划拳助興的人

這類人屬於孤獨寂寞型，所以藉由划拳等肢體語言來排遣寂寞感。他們同樣也會藉由忙碌的工作來驅內心逐煩惱與寂寥，但是，他們的反抗心強，容易得罪同僚或長輩。

由於每個人的性格、思想和經歷不同，反應出來的酒後行爲也就不同，有的人是其中一種，有的人兼具了其中幾種，有的人可能不在上述之列。只要細心觀察，你就能加以判斷，更加瞭解對方。

從名片偏好分析對方性格

名片雖小，但花樣繁多，所以從名片的種種細節方面來看，也能瞭解一個人的內心世界。

名片是一張記錄個人訊息的卡片，上面不僅有個人的姓名、電話、職位頭銜、行業標誌等，更重要的是還包含著他的性格特徵。

名片是人們在交際過程中必不可少的媒介，從某種程度上可以說是介紹自己、展示自己，讓他人認識自己的窗口，有的名片甚至是囊括了一個人一生的成就和所得。透過名片觀察人，也是一種有效的方法。

一些心理學家認爲，從名片上觀察人不僅可行，而且十分趣，不僅可以從名片上看出一個人的地位和身分，也可以從名片看透性格，看透內心世界。

‧在名片上用粗大字體印自己名字的人

這類型的人表現慾望強烈，總是不時地強調自己、突顯自己，試圖吸引他人注意的目光。而且，他們功利心相當強烈，很擅長使用手段來達到自己的目的，但在爲人處世等方面表現得相當平和親切，具有紳士風度。

他們的外表和內心經常不一致。從表面看，他們相當隨和，但實際上，他們有很強的個性，不容易讓他人太過親近。他們善於隱藏自己，爲人處事懂得靠眼力行事，更能把握分寸，使一切都恰到好處。

‧喜歡用輕柔質感印製名片的人

這類型的人大多性情溫和，說話很有禮貌，而且用詞也很文雅，思想很浪漫，具有很強的審美觀，常期望有一些浪漫的事情發生。他們不太輕易與人發生爭執，在條件允許下，還會盡力原諒對方，而且富有同情心，會經常去幫助和照顧他人。

但這一類型的人個性不堅強，意志薄弱，常給自己帶來一些失敗和麻煩。

・在名片上附家裡地址和號碼的人

這類型的人具有很強的責任感，把家裡的地址和電話印在名片上，如果自己不在公司、辦公室，對方就可以到家裡來，儘快把事情解決掉。一般狀況下，爲了避免必要的麻煩，絕大多數人不會印上自家的地址和電話。

・在名片上加亮膜，使名片更亮麗

這樣的人表面上看起來顯得熱情、眞誠和豪爽，與人相交十分親切和善，但在交往中慣常使敷衍手段。

這樣的人，多半虛榮心都比較強的。

・在名片上印有綽號和別名的人

這樣的人逆反心理較強，做事常無法與其他人合拍。他們生性小心謹愼，有些神經質，常常會有一些無端猜疑，猜疑別人的同時也懷疑自己。這使得他們很容易產生自卑感，遇到挫折和困難的時候，缺乏足夠的信心，總是想著妥協和退讓。

這種人沒有太多責任心，還總會想方設法來逃避自己該負的責任。

• 同時持有兩種完全不同的名片的人

這類型的人除了本職所從事的工作以外，大多還有另外一份職業。他們不但精力相當充沛，而且還具備一定的能力和實力，可以同時應付幾件事情。

這種人思維和眼光較一般人開闊，能夠看得更遠，會有些深謀遠慮的策略和想法。他們的興趣相對廣泛，懂很多別人不懂的事物，創造力也很突出，常會有一些驚人之舉。

• 見人就遞名片的人

不分時間、地點和場合，見到人就遞上名片的人，有十分強烈的表現慾望，喜歡把自己擺在顯眼的位置上，讓所有人都能看到。見人就發名片，正是這種性格淋漓盡致的表露，他們把自己的名片當成了宣傳單在使用。

這類型的人多半野心勃勃，但很少輕易表露自己的這種心思，一言一行都顯得小心翼翼，但若是細心觀察，還是能夠把他們的意圖看得一清二楚的。

• 喜歡不經意地掏一大堆別人名片的人

這類人的目的不用說明就非常清楚了，這是他們誇耀和顯擺自己的一種方式，希望他人能夠對自己另眼相看。

這類型的人自我意識強烈，常常以自我爲中心。他們的社交能力、組織能力比較強，具有不錯的口才和充沛的精力，成功的機率相對比較大。

爽約，有時是因為猶豫不決

在人際關係中，最不可靠的就是好惡的感覺，如果只靠這種感覺維繫彼此的感情，人際關係立刻就會破壞殆盡。

你是否有過這類經驗：當你跟朋友或情人約會時，對方卻毫不介意地爽約不到？如果，你以爲這是對方根本不在意你或存心作弄你的話，未免言之過早了。

有時，我們不妨將對方爽約的行爲解釋成「忸怩作態」。

當人們對某個特定對象採取疏離的態度時，有兩種可能的心理狀況：其一是根本不再關心對方，其二是表面上疏離，但心裡卻仍然惦記著對方，所以在猶豫不決之時，表現出一副忸怩作態的樣子。

這二種人通常希望別人主動來接近他、適應他，擺出這種被動的姿態，其實是等著別人來關心他！

但是，這種被動姿態在人類社會之中，反而會使別人和自己漸行漸遠，不敢採取任何行動。因此，與人交往時，與其忸怩作態，倒不如保持一貫的立場，反而能激起別人採取積極行動與你接近。

話又說回來，人類畢竟是群居的動物，長時間的故作姿態、孤立自己是不可能的事情，所以不管這種姿態是有意或無心，只要持續觀察其行爲，假以時日就可以對其中的涵意了然於胸。

例如，男女朋友之間的約會，如果一方突然爽約，我們可判斷這是「撒嬌」的行爲，尤其發生在女性身上時，更可以這麼認爲！

另一種忸怩姿態，是不懂得採取正確的態度來適應周圍的環境。這種人的主觀意識十分強烈，自己以爲不管態度如何，別人都應該接受。如果有這種念頭的話，那就是一種怪癖了。

在人際關係中，最不可靠的就是好惡的感覺，如果只靠這種感覺維繫彼此的感情，人際關係立刻就會破壞殆盡。因爲，喜愛轉變爲憎恨之情，往往只是一線之隔，因此撒嬌和忸怩作態是充滿危險性的。

在我們的朋友當中，不管對方是男是女，較一般人擅長撒嬌或故作姿態者，我們可以認定他們都是屬於危險性的人物。

因爲，他們故作姿態，往往是爲了要求更高的回報，這些代價有時不一定是物質上的，而是彼此之間的心靈距離問題，也就是說，他們試圖深入別人的心靈深處。

一個人如果不能堅守自我防線，隨意讓別人侵入擾亂生活領域，這比被別人奪去財物還要可怕。

有些人不值得你結交

要知道哪些人不可結交，關鍵在於要在生活中學會認清一些人的行為，並對其行為做出比較理性的判斷，才能真正知道哪些人不可交。

人生路上，誰也缺不了朋友，俗話說：「人生難得是朋友，朋友多了路好走。」但是，朋友也是有眞假之分的。

日常生活中，朋友大致可以分成三類：第一類是「鐵哥們」性質的，非常要好，能夠患難與共，風雨同舟；第二類是平常朋友，雖然很熟，但並不是所有的話都可以向對方說，彼此間有些事情不是透明的；第三類是那些不是朋友的「朋友」，必須和他們保持一定的距離，太近了自己就容易受傷了。

有位著名的雕刻家說過：「雕刻就是把不需要的部分去掉的一種藝術。」這話說得十分精闢，不只是適用於藝術，也適應於人生。

交友也是如此，要想知道哪些人是可以結交的，關鍵在於要先知道哪些人不可結交。交友的藝術，就是一種分辨哪些人是不可結交的藝術。

那麼，怎樣才能分辨出我們身邊的人屬於不可結交之列呢？

•太注重個人利益的人

世界上不可能有完全不爲自己打算的人，但一個明事理、有節度的人，是不可能只想到自己，只顧著爲自己謀私利的。

那些凡事只考慮到自己利益的人，最易傷害的不是跟他們生疏的人，而是和他們熟悉、親近的人。接觸、交往過程中，他們會爲了個人利益處心積慮、想方設法佔熟人的便宜，甚至會爲了一點蠅頭小利不惜背叛朋友。這樣的人，如果把他當做朋友，只會吃虧上當，給自己帶來麻煩。

•雞蛋裡挑骨頭的人

這種人的特點是看什麼都不順眼，看什麼都不滿意，不是這裡有問題，就是那裡有毛病，總能在沒有問題的地方找出問題，總能在各種事物中發現不能讓他滿意的蛛絲馬跡。

這種人的特徵是，表面看來和你關係好像不錯，但只要一轉身，馬上便會做出傷害你的事情。這種能在雞蛋裡挑出骨頭的人，最好不要和他們交朋友。

• 缺乏生活常識的人

生活中一些不可缺少的客套和禮節，正常的人都知道且能正確運用，但有的人由於性格因素，不會說一些必要的客氣話，也不會做一些得體的事。

這種人無論是有意還是無意，都不可作爲深入相交的對象。如果與他們爲友，不但會給自己帶來不必要的麻煩，甚至還會因爲有這樣的朋友而讓別人懷疑你的人格，帶來一定程度的負面影響。

• 忘恩負義的人

點滴之恩，當湧泉相報，這是做人的基本原則。然而，現實生活中，卻有不少人爲了滿足自己的慾望，常在暗中設下圈套，引誘別人步入圈套中，給予致命性的打擊。

這種人當你得勢時，爲了得到利益，會不斷恭維巴結你，甚至做出一副可以爲你赴湯蹈火的模樣。然而與此同時，他也會在暗地裡觀察你、算計你，搜集一些對你不利的東西，作爲日後陷害你的武器。一旦時機成熟，他就會立刻翻臉不認人，把你對他的恩情拋諸腦後，無所不用其極地對你大肆攻擊。

與這種忘恩負義的人爲友，就等於是自掘墳墓。

• 說話總是一副高深莫測的人

契訶夫有一篇小說，叫做《套中人》，主角在生活中一刻也離不開各式各樣的「套子」，晴天帶雨傘，耳朵塞棉花，把臉躲藏在豎起的大衣領裡。不止如此，他還把思想藏在「套子」裡，甚至用「套子」去套別人的思想。這樣的人能不讓人感到恐懼？

日常生活中也有這樣的人，說起話來總是話中藏話，像在打啞謎，讓人覺得高深莫測。這種人不輕易表達自己的意見、顯露自己的感情，相處很久了，總是覺虛假、虛僞，這樣的朋友還是少交爲妙。

•喜歡順應別人話語的人

在交流的時候，有的人總會順著別人說的話回應，比如，你說：「這朵花眞是漂亮！」他馬上就會說：「是啊！眞是漂亮啊！」透過這樣的回應方式，讓你感到他和我們是心氣相通的。

這種人屬於彈簧脖子軸承腰，腦袋上插著風向標，初一接觸時，會認爲他們非常熱情、考慮特別周全。不過，要注意，他們順應你的話語，並不一定代表這是他們的心裡話，一個連心裡話都不肯說的人，怎麼能成爲可靠的朋友呢？

•平時喜歡交頭接耳的人

這種人和我們說話時，唯恐被別人聽見；和別人說話時，唯恐我們聽見。他們喜歡四處傳播「千眞萬確」的小道消息，而且常常會說：「這件事我只告訴你一個人，千萬別說出去啊！」其實呢，滿世界的謠言都是他們搬弄出來的。

這種人喜歡挑撥離間、製造混亂，危害性很大，小者可以讓朋友反目，大者可以造成團體失和，分崩離析。

• 在社交場合愛拍胸脯的人

我們常常會看到這樣的人，在朋友面前總是把胸脯一拍：「沒問題，這件事包在我身上，你就等著我的好消息！」

但胸脯拍得越響，越代表不可靠，睡一宿覺，第二天他們就把事情丟到九霄雲外。這種輕諾寡信的人，根本不値得交往。

• 習慣低著頭，用眼睛的餘光看人的人

這種人心裡裝著太多的不自信，神經脆弱而且敏感，時時刻刻都在提防別人，擔心自己成爲別人恥笑的對象。

這種人對於玩笑話也會當眞，並且會反覆琢磨我們話語的含義。這種人常對的誤解，不能順利排解的時候，甚至會形成極端事件。

•喜歡偷聽別人談話的人

這種人好奇心非常強，什麼都想知道，但這種好奇心卻是建立在陰暗的心理狀態上。一個人喜歡偷聽別人的說話，心裡一定有著不可告人的目的，不論日常生活或工作場合，最好讓他們遠離核心位置，否則易引起大麻煩。

上面所說的幾種不可結交之人，雖然都是老生常談，但是，我們還是時常誤交，不能準確地識人。關鍵在於要在生活中學會認清一些人的行爲，並做出理性的判斷，這樣才能眞正知道哪些人不可交。

PART 8.

習慣動作會洩露內心的活動

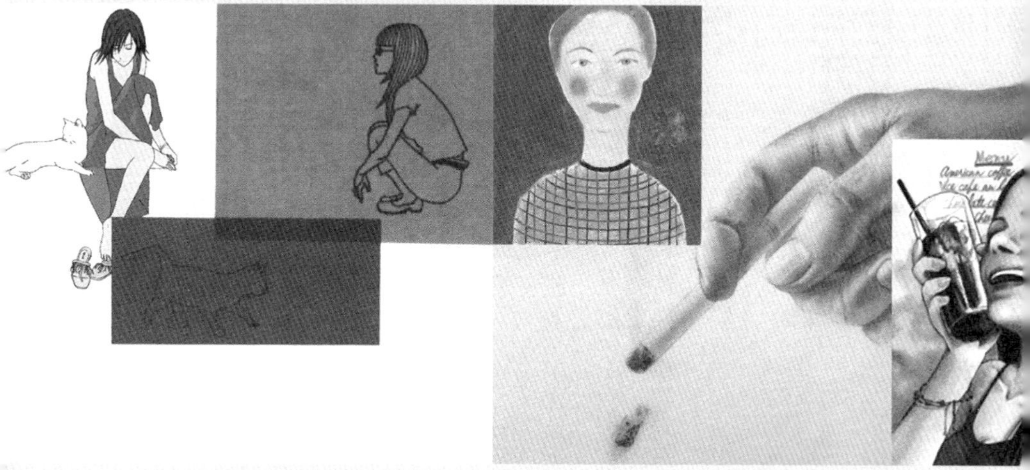

習慣是一個人思想的無意識表達，
一個人不經意間形成的生活習慣會在下意識裡
「洩露」出內心的心理秘密。

透過簽名觀察一個人的性格

每個人的簽名方式都具有獨特性，代表著簽名者的個性，從簽名方式就可以大致觀察出一個人的性格特徵。

名字是一個人的代號，是一個人一生當中寫得最多的幾個字。每個人的簽名方式都不相同，有美有醜，有大氣也有小氣，可謂千姿百態。每個人的簽名方式都具有獨特性，代表著簽名者的個性，從簽名方式就可以大致觀察出一個人的性格特徵。

- 把最後一筆當做底線，強勁有力，筆直而不顯誇張

這種人的性格就如同這一底線一樣，有著非常強烈的自信心，而且有一股不

屈不撓的精神。這樣的人事情，在沒有完成之前，不會輕易放棄，哪怕要付出很大的代價也在所惜。

・字小，且擠在一起

這種人常把最小的空間做最大的利用，是懂得節儉和精打細算的人。他們不會太在意別人怎樣看自己，只要認爲做起來有意義的事情，就會義無反顧地去做。

・大字體、花體字、裝飾字

這種人多半缺乏自信心，想藉由花俏的簽名方式來掩飾自己的不足。他們所寫的字體雖然看起很有味道，但只要仔細一看就知道缺少神韻。

・簽名向左斜，其他字向右斜

這種人多有很強的叛逆性，但這種叛逆性並不是眞實本性的流露，而是佯裝出來的。他們總給人冷淡和漠然的印象，實際上是十分平易近人而又和藹可親的人，也很樂於與人交往。

• 簽名向右斜，其他字向左斜

這種人往往具有豐富的社交經驗，能很快就讓自己成爲他人關注的焦點，有著開朗、熱情而又詼諧幽默的個人魅力。

這樣的人經常以旁觀者的眼光來審視一切，有很強的洞察力。

• 簽名比一般字大

這種人的表現慾望非常強烈，還有自我膨脹的傾向，喜歡招搖，但由於缺少內涵，只能在外表多下工夫。他們總是將時間與精力放在裝飾自己的外觀，希望能給人留下良好的視覺感覺。

這種人還總是喜歡將事情攬在身上，但因爲本身能力有限，遇到困難常顯得無能，無法堅持到最後。

・簽名比一般字小

這種人有著內縮性格，認爲自己非常渺小，沒有影響力，因此時常會迴避本該屬於自己的榮譽和讚揚，而進行自我貶低。

這種人不喜歡在大庭廣衆之下惹人注意，更不喜歡用特別的方式與外表吸引他人的注意力。由於對自己沒有足夠的信心，他們平時很少主動跟人打招呼與表示意見，在工作上的表現也不是很積極，但屬於自己的工作都能集中精力來完成，沒有很強的功利心，喜歡平淡的生活。

・簽名字跡讓人無法辨認

這種人性格較爲複雜，或是想隱藏自己，或是不斷地變化，顯得喜怒無常，常讓人摸不到頭緒。但他們對於罩在自己身上的神秘面紗並不討厭，同時也很喜歡讓自己成爲另類的人，吸引他人投入更多關注的目光。

・畫波浪底線式簽名

這種人較爲圓滑，也較爲世故，深諳在現實社會上立足的根本是什麼，不論什麼時候，都能夠憑藉自己的深思熟慮，以及多年來總結的人生經驗，使自己處於有利的位置。

• 畫圓圈式簽名

這種人性格孤僻，總感覺缺乏安全感，會無端地對他人進行懷疑和猜測。他們對人群有強烈的恐懼感，討厭被人干擾，迫切希望自己能夠與外界隔離，在心理上保持安靜。

事實上，他們的不安和恐懼感來自於對他人缺少必要的信任。

• 簽名時始終有一條線貫穿其中

這種人有很強烈的自卑心理，常常否定自身存在的價值，極度的不自信，總是認爲自己一無是處。他們的生活，經常是在不斷地自我責問中渡過的。

・簽名之後跟著頓號或是破折號

這種人性格多疑，爲人處世相當小心謹慎，但具有良好的思考能力，當事情變爲不利或將失去控制時，大多能夠想出很好的解決辦法。

・簽名時常省略某一筆劃

這種人豪爽而又大氣，凡事不會太認眞，只要大致上過得去就可以。他們不會在意細節上的問題，有時候甚至是馬馬虎虎。還有，他們也很健忘，常會耽誤一些很重要的事情。

・簽名字跡還是和學生時代一樣

這種人雖然外表看起來顯得很成熟，但在實質上常常會產生一些幼稚，甚至不切合實際的想法，但他們自己卻感覺不到這一點。

・圖案式簽名

這種人和他們的簽名一樣，具有一定品味。他們沉著穩重，充滿自信，而且意志力堅強，一旦決定要做某件事情，就會像他們的簽名一樣一氣呵成，而不會半途放棄。

他們有獨特的觀點和見解，並且會堅持自己的想法，不輕易向任何人妥協，而且還具有很好的想像力和創造力，常會做出一些出人意料的成就。

從筆跡洞悉對方心理特徵

就像指紋能證明一個人的個體特徵一樣，寫字時的一筆一劃都能反映出每個書寫者獨特的個性，透過筆跡可以挖掘一個人的內心世界。

早在古時候就有人從筆跡來觀察人了，所謂「字如其人」，說明筆跡與人的心理、個性有一定的關係。

寫字是人們傳達思想感情，進行思維溝通的一種手段，能反映出一個人的性格、能力、品質特徵等內容。

醫學研究證實，人類的大腦與雙手息息相關，手部活動是人體最複雜的活動，腦部活動大部分爲手而設。手能透過許多方式反映人內心世界的活動狀況，書寫便是手腦聯合的產物。

就像指紋能證明一個人的個體特徵一樣，寫字時的一筆一劃也能反映出每個書寫者獨特的個性，透過筆跡可以挖掘一個人的內心世界。

在不同的心境下，筆跡也會有所不同，儘管筆跡的主要特徵，如運筆方式、習慣動作不會產生太大變化，但近期的字跡更能反映出這個人最近的思想、感情、情緒變化、心理特點。

寫字是心理活動的表徵，無論用心地寫，還是隨手寫出，都是一個人情緒和個性心理的表現。

根據筆跡學家雅曼的研究成果，由筆跡分析人的性格，基本內容主要包括以下幾個方面：

•字體大小是自我意識的反映

•字體大，不受格線限制：說明書寫者性格外向，積極、豪爽、自信、精力充沛，待人熱情、興趣廣泛、思維開闊，做事有大刀闊斧的魄力，但有著不拘小節、缺乏耐心等缺點。

• 字體大小適中：說明書寫者對外界環境適應能力強，做事知道節制，遇事能隨安，平易近人，溫柔審慎，行動從容不迫，能與人相處友好，但有時會顯得優柔寡斷。

• 字體偏小：說明書寫者性格偏於內向，有良好的專注力和自控力，做事耐心、謹慎，看問題比較透徹，但心胸不夠開闊，遇事常想不開。

• 字體細小：說明書寫者具有良好的觀察力和專注力，做事認眞細心，但過於謹愼小心，警覺性很高，容易受外界環境的影響，非常在意別人對自己的看法。如果字體細小，並且越寫越往上，說明書寫者注意力非常集中，喜歡做一些細緻的工作，理智、冷靜，善於分析、判斷，做事耐心而仔細。相對的，如果字體細小，越寫越往下，說明書寫者性格軟弱，自信心不強，多疑多慮，過於在意別人對自己的反應。

• 字體大小不一：說明書寫者個性鮮明，有理想，有雄心，有信念，具開拓、冒險精神，隨機應變能力強，頭腦靈活。但有時不太注意事物的邏輯性，會脫離實際，而且情感的變化波動大，缺乏自制力。

●連筆程度反映著思維與行為的協調性

連筆型反映出有較強的判斷、推理能力；不連筆型則反映了有分析能力、比較節制和獨立性強的個性特點。

●一筆一劃，結構嚴謹：說明書寫者有較強的邏輯思維能力，性格篤實，思慮周全，做事認眞謹愼，責任心強，循規蹈矩。

●結構鬆散，筆劃過分伸展、誇張：說明書寫者想像思維較強，聯想力強，爲人熱情大方，心直口快，心胸寬闊，不拘小節，能寬容他人的過失，但愛虛榮，總想引起別人注意。

●筆壓輕重反映了精神能量

●筆壓重：說明書寫者精力充沛，爲人有主見，個性剛強，做事果斷，有毅力，有開拓能力，但主觀性強且固執。

●筆壓均勻：說明書寫者頭腦清醒，爲人沉著冷靜，有自信心、創造力、組織力，能自我克制，情緒穩定，不易發脾氣。

• 筆壓輕：說明書寫者缺乏自信，意志薄弱，有依賴性，遇到困難就退縮。

• 筆壓輕重不一：說明書寫者的想像思維能力比較強，但情緒不穩定，做事常猶豫不決。

• 書寫速度反映書寫者理解力

• 書寫速度較快：說明書寫者思維敏捷，觀察、抽象、概括能力強，但性急，做事缺乏忍耐力，脾氣暴躁，容易動怒。

• 書寫速度不緩不急：說明書寫者適應力很強，比較著重現實，有自我控制的能力，能抑制自己的情緒，喜怒哀樂不形於色，與人易於相處，擅長交際，甚少得罪別人。

• 書寫速度較慢：說明書寫者小心謹慎，遵守紀律，頭腦反應不是很快，行動較慢，但性情和藹，頗有耐心，做事之前會充分準確。

•字行的方向反映書寫者的自主性及社會關係

•行向平直整齊：說明書寫者能自我克制，遵守紀律，有服從性，做事認眞負責，盡力而爲。另一方面，也表示書寫者是個拘於形式的人，注重外表，容易迎合世俗的眼光。

•行向越寫越高：說明書寫者樂觀積極，喜歡自由自在，不愛受任何束縛，有進取精神，雄心勃勃，有遠大的抱負，並能以最大的熱情付諸實踐。但假如字行過分上傾，則性格往往非常固執。

•行向越寫越低：說明書寫者生性孤僻，缺乏自信心，容易產生心理矛盾現象，一方面有自卑感，一方面鄙視他人。這樣的人常懷抱消極心理，遇到問題總看陰暗面、消極面，容易悲觀失望。

•行向忽高忽低，參差不齊：說明書寫者性情爽直坦白、喜歡結交朋友，但脾氣急躁，情緒不穩定，常常隨著高興事和煩惱事而興奮、悲傷。這樣的人心理調控能力較弱，胸無城府，做事粗心大意，常常敷衍了事。

●通篇結構反映書寫者面對外部世界的態度

●左邊空白大：說明書寫者有把握事物全局的能力，能統籌安排，為人和善、謙虛，會注意傾聽他人意見，體察他人長處。

●右邊空白大：說明書寫者憑直覺做事，不喜歡推理，性格固執，做事常走極端，遇到困難容易退卻。

●左右不留空白：說明書寫者為人自私，有很強的佔有慾和控制慾。

●行與行之間分隔清楚：說明書寫者有教養，為人正直，頭腦清晰，組織能力不錯，做事有條不紊，有較強的自尊心、責任心和榮譽感。另一方面，也表示這個人太注重形式。

●行與行之間分隔不清楚：說明書寫者頭腦不夠清晰，條理性較差，缺乏判斷的能力，做事馬馬虎虎，缺乏責任感。另一方面，也表示吝嗇成性，屬於一毛不拔的「鐵公雞」。

●行與行之間極為混亂：說明書寫者為人刻薄寡恩，對人苛刻嚴厲。

●字與字之間分隔清：說明書寫者的頭腦清晰，邏輯力、組織力及判斷力都很強，凡事能夠自主。

- 字間距分隔不清楚：說明書寫者爲人機智，善於應變，但由於沒耐性，也缺乏組織能力，所以做事拖拖拉拉虎頭蛇尾。另一方面，也表示這種人好評論、健談、言語勝於行動。
- 拖泥帶水般的字體：說明書寫者缺乏判斷力，做事粗心大意，待人接物不拘小節，容易發牢騷。這種人自我意識很強器量狹小，嫉妒心重。

由隨手塗鴉看性格

看似無意識的信手塗鴉，往往可以顯露了塗鴉者的性格、能力。一個人的任何塗塗寫寫動作都不是偶然，習慣行為和固有姿態的反映。

相信每個人都曾有過這樣的經歷，在閒來無聊時，常會在紙張或是其他東西上隨便地亂塗亂畫。

心理學家指出，這種無意識的亂塗亂畫，往往能顯示出一個人的性格。因爲人內心的眞實感覺，會透過這種無意識的塗鴉過程顯露出來。

• 習慣畫三角形的人：理解能力和邏輯思維能力都比較強，絕大多數時候能夠保持頭腦清醒，思路清晰，有很好的判斷力和決斷力，但缺乏耐性，容易急躁、發脾氣。

•習慣畫圓形的人：有很強的創造力和策劃能力，凡事會預先規劃設計，按部就班，依計劃而行，是最好的策劃者和設計者。

•習慣畫多層折線的人：具高度的分析能力，思維敏捷，反應迅速。

•習慣畫單折線的人：單折線是內心不安的表現，顯示這種人常處於緊張狀態之中，情緒飄忽不定，讓人難以捉摸。

•習慣畫連續性環形圖案的人：能夠將心比心，善於體諒別人，適應能力極極，對生活充滿了信心，對現狀感到滿足。

•習慣在小格子中畫交錯混亂線條的人：有恆心、有毅力，不管做什麼事情都有一股不達目的誓不罷休的勁頭。

•習慣畫波浪形曲線的人：個性隨和有彈性，適應能力很強，是有人緣的人，善於自我安慰，遇事會往好的方面想。

•習慣在一個方格內胡亂塗畫不規則線條的人：顯示情緒低落，心理壓力很重，但會盡力去尋找解決和克服困難的辦法，朝積極的方向努力。

• 習慣畫不規則曲線和圓形圖形的人：心胸多比較開闊，心態也比較平和，對環境的適應能力很強，但有點玩世不恭。

• 習慣畫不定型但稜角分明圖形的人：競爭意識極強，總希望自己凡事都能勝人一籌，事實上，他們也不斷努力，並且可以做出巨大的付出和犧牲。

• 習慣畫尖角圖案或紊亂平行線的人：內心總是充斥著憤怒和沮喪。

• 喜歡在格子中間畫人像的人：朋友很多，但敵人也不少。

• 習慣寫字句的人：想像力豐富，但常活在想像當中，有點不切合實際。

• 習慣畫眼睛的人：這種人性格較爲多疑，有濃厚的懷舊心理。

• 習慣畫對稱圖形的人：這種人做事小心謹慎，遵循一定的計劃和規則。

• 習慣畫一些短線條的人：性格比較內向，對這個社會和自己所處的環境充滿了恐懼感，總是想方設法地逃避。他們也很聰明，但通常不會有什麼好的想法和創意，因爲總是被一些無形的東西侷限了正常的思維和思考，使得自己無法進行突破和超越。

・習慣畫有稜角，四方形、五邊形等幾何圖形的人：具有十分嚴密的邏輯性，善於思考，組織能力相當強，面對各種事物時多能夠做到胸有成竹，知道自己該做什麼、怎樣做，但在為人處世方面顯得較為保守。

・習慣畫三度空間的正方體、三稜錐、球體等幾何圖形的人：深沉穩重，注重現實和實際，性格彈性很大，大多數時候能夠做到收發自如。面對不同的情況，能夠及時地調整自己，善於將比較抽象的東西變成具體、通俗易懂的內容，與人溝通能力也比較強。

・習慣畫像雲一樣的彎曲造型，以及風扇和羽毛的人：對新鮮事物的接收能力很強，而且也具有很好的適應能力。曲線一條包含著另一條，表示他們對周圍人相當敏感，遭遇挫折和磨難的時候，能夠保持冷靜思考，積極尋找解決的辦法，而不是貿然行動。但這類型的人，時常會沉浸在某種幻想當中，有點不切合實際。

• 習慣畫交通工具的人：從所畫的圖形表面上理解，這種人似乎喜歡旅行的人，希望遊遍全世界，但實際上這是他們在發洩自己的憤怒和挫折感。他們時常失去希望，陷入到迷茫當中，並且在挫折和困難面前，表現得很消極。這種人自信心不強，總是把希望寄託在他人身上。

• 習慣畫有趣的線條、圓圈和其他圖形的人：富有創造力，具有一定的才華，很博學，對於許多領域都有相當濃厚的興趣，卻沒有一樣精通。對他們而言，沒有什麼事情是絕對的，因此時常自相矛盾，把自己弄得精疲力盡，最後還是無法理出頭緒。

• 習慣畫各種不同臉孔的人：多半借畫畫過程發洩自己內心的某種情緒。喜歡畫笑臉的人，大多數知足常樂；皺著眉頭的則恰恰相反，時時感到不滿足。畫苦瓜臉或是扭曲變形的臉，代表他們內心非常痛苦和混亂不堪。畫大眼睛，代表他們的生活態度非常樂觀；一臉茫然，用一個平凡的點代表眼睛，或是一條直線代表嘴巴，則表示心裡有疏離感。

．習慣不斷畫同一個圖形的人：多有很強的獲得慾望，而且大都能實現，因爲這種人擁有不屈不撓的精神，一旦確定了目標，就不會輕易改變。雖然他們遭遇挫折時也可能會失望，但絕不會放棄，會用最快的速度調整自己的心情再去爭取。他們有野心也有幹勁，無論什麼時候都積極奮發。

．喜歡畫花草樹木等自然景致的人：性情溫和但非常敏感，對形狀和顏色往往具有突出的鑑賞和辨別能力。這類型的人多淡泊名利，與世無爭，嚮往安靜平和的生活。

．不斷用各種字體寫著自己名字的人：這一類型的人自我表現慾望相當強烈，甚至會爲此做出一些讓人驚訝的事情。重複寫自己的名字，是在潛意識裡不斷自我肯定，目的是爲了克服目前困擾著自己的某種情緒。

從打電話的習慣動作透視性格

不同的人在打電話時會伴隨有不同的小動作，透過這些不經意間的小動作，就可以大致瞭解對方的性格特點。

隨著時代不斷地發展，人與人之間的交流不再僅侷限於面對面了，只需通個電話就可拉近人們之間的距離，使彼此的情感更加緊密。但是，你知道講電話時的習慣動作也可以顯露一個人的性格嗎？

不同的人在打電話時常會伴隨有不同的小動作，從這些小動作也可以看出一個人的心理和性格。

- 以肩代手型

有些人講電話時，習慣把話筒夾在頸肩之間。這類人生性謹慎，對任何事情必須先考慮周詳才做出決定，處處小心，極少犯錯。但有時做事會分不清主次，缺乏條理性。

・邊走邊談型

有些人在講電話時，從不坐著或站在同一位置，喜歡邊走邊講。這類人好奇心極強，喜歡新鮮事物，討厭刻板的工作。

・信手塗鴉型

習慣一邊講電話，一邊在紙上隨手亂畫。這類人具有豐富的想像力和幽默感，邏輯思維也很強，遇事愛琢磨，善於思考，但太喜歡幻想而不切實際。不過，他們獨具的愉快及樂觀性格使他們較容易地度過困境。

・搖曳不定型

講電話時，總是不斷地轉動椅子，或者站著左右晃動。這種人是理性的審視者，喜歡思考，但防衛意識較強，且有強烈的支配慾望，喜歡管理別人。

·悠閒舒適型

講電話時，總是舒舒服服地坐著或者躺著，一副非常悠閒的樣子。這類人一般做事積極進取，沉穩鎮定，即便泰山壓頂，也面不改色。

·一心二用型

講電話的同時，常常要做一些瑣碎的工作，比如整理文具、擦桌子等。這類人富有進取心，珍惜時間，分秒必爭。

·電話線繞指型

講電話時不停地玩弄電話線，這種行為多半見於女性。這種人感情細膩，懂得關心別人，體貼入微，但有時不夠堅強，特別是面對一些難以抉擇的事情時，總是求助於人，缺乏獨立性。

・動作百出型

有些人在講電話的時候動作很誇張，一會兒伸出舌頭，一會兒擠眉弄眼，講到高興的時候還會做出一些捶擊桌面之類的動作。這類人不太會說謊，個性積極正直，但由於情緒轉變很快，有時顯得輕率，給人不夠沉穩的感覺。

・搔首弄姿型

講電話的時候，一會兒摸摸衣服，一會兒梳理一下頭髮，偶爾還會對著鏡子照一照。這類人很重視自己的外表，對待別人也同樣如此。

・平凡無奇型

講電話時，沒有什麼特殊習慣，一切動作出於自然。這類人生性友善，富自信心，對自己的生活操縱自如，能伸能屈。

・緊握話筒中間

講電話時，握住話筒的中間部分，讓話筒與口、耳保持適當距離。這種握法的人通常處於較穩定的心理狀態，性格溫順，不會無理強求。

・緊握話筒下端

這類人性格外圓內方，表面上看似怯懦溫馴，其實個性堅毅，無論對事對人，一旦下定決心，就很難改變。

・緊握話筒上端

這種握法以女性居多，大都多帶有神經質，情緒改變很快，只要稍微不合心意，就會大發脾氣，喜歡獨自閱讀、傾聽音樂，不愛譁眾取寵。男性若有這種握法，多半是有潔癖，體格上屬於瘦削型。

•握話筒時伸直食指

有些人握話筒時會伸直食指。這類人自尊心強、自我意識強、好惡明顯，討厭聽命於人，具有強烈的支配慾，隨時渴望向嶄新的事物挑戰。

•輕握話筒，顯得有氣無力

這類人大多數具有獨創性和唯我獨尊性格，待人忽冷忽勢，做事缺乏耐心，無法持久，他們講電話常常只是爲了宣洩，很少傾聽對方講話。

從看電視習慣透視人的內心

小習慣裡往往藏著大玄機，很多人在電視機前面也形成了自己獨特的行為模式，只要細心觀察，就可以從中洞悉一個人的內心。

現今社會，人們與電視機的聯繫越來越緊密，看電視在日常生活中，幾乎是一項不可缺少的事情。

電視機不僅是人們瞭解外界訊息的助手，更是消遣和娛樂的重要工具。但是，你知道從看電視也可以觀察出一個人的性格特點嗎？

小習慣裡往往藏著大玄機，很多人在電視機前面也形成了自己獨特的行爲模式，只要細心觀察，就可以從中洞悉一個人的內心深處。

•看電視時兼做其他事情的人

有人喜歡邊看電視邊做其他事情，如看報紙、吃東西、做手工藝等。這類人大多數具有很大的彈性，能夠適應各種不同的環境，平時精神飽滿，積極向上，願意進行眾多嘗試，喜歡開拓新的領域，而且不怕冒險犯難，最後總是能夠得到成功。

•看電視目不旁視的人

這類人不管做任何事情，都能夠集中全部的注意力，全神貫注地投入。他們心地善良，富同情心，具豐富的想像力，很容易與他人產生共鳴。

•習慣於把電視節目當作催眠曲的人

有些人看電視的時候，常看著看著就睡著了。除去工作特別累，非常疲勞的情況外，這類型的人多半性情溫和而且樂觀，心胸開闊，敢於迎接挑戰，有堅忍頑強的精神。任何困難在他們看來都可以輕鬆解決，實際上他們解決問題的能力也確實很強。

•一遇到不喜歡的節目就轉台的人

這類人很務實，不管是時間、金錢、財力、物力等都不輕易浪費，而且個性堅定、獨立，有自我主張。這樣的人確定目標後會堅持不懈，即使遇到重大挫折和打擊，也不會輕易放棄。

•經常找不到滿意節目的人

這類人性格比較感性化，容易感情用事，好奇心非常強，具有強烈的求知慾望，喜歡探幽索隱。個性外向，不拘小節，心胸開闊，善於交際，爲人處世講究分寸，適合從事公關交際等類型的工作。

此外，美國一位心理學家研究發現，從一個人喜愛看什麼內容的電視節目，也可以透露出眞實性格，這一觀點不僅新穎而且實用，可以幫助我們解讀非常多的個人小秘密。

•喜歡看喜劇的人

這種人幽默詼諧，擅長掩藏眞實自我，常給人深藏不露的感覺。雖然表面上吊兒郎當，心不在焉，但情感強烈，一旦動了眞情，就會一發不可收拾，甚至讓人禁受不住。

•喜歡看娛樂性節目的人

這種人充滿自信，熱忱大度，胸襟廣闊，能夠原諒別人的過失，並及時幫助對方。但由於與人交往過程中不善於設防，有吃虧上當的可能。

•喜歡看體育節目的人

這種人喜歡爭強好勝，追求卓越，不畏壓力，面對困難時能保持冷靜，喜歡在拼鬥當中獲得樂趣，而且百折不撓。他們習慣制定計劃，未雨綢繆，辦事有條不紊，順理成章。

・喜歡看戲劇節目的人

這種人通常至少擁有某一方面的特長，自信心特別強，相信自己能夠衝破任何艱難險阻，敢於向極限衝鋒和挑戰，具有說一不二的倔強性格。同時，他們也有著浪漫主義色彩，愛好正義。

・喜歡看益智節目的人

這種人具有積極進取、競爭心理強的性格傾向，屬於具有智慧且鎮靜自若一族，很善於解決眼前所面臨諸多問題。

・喜歡看談話性節目的人

心思縝密，愛好爭論而略爲偏執。爲人很有主見，但不主觀臆測，在做出任何決定時，會先詳細考慮分析，絕不莽撞行事。

• 喜歡看冒險刺激節目的人

這類型的人對隱密的事情和消息情有獨鍾，個性爭強好勝，不願意屈居人下，辦事認眞負責，盡心盡力；他們不喜歡平淡無奇，總是想方設法要把生活過得豐富多彩。

從開車的方式看心情

一個人在方向盤後的舉動，會反映出他的心理與態度；而開車在路上與其他車輛所產生的關係，也正是生活中與他人關係的寫照。

行爲心理學家研究發現，人控制汽車和控制自己的方式有著許多相似之處，如果把車子視爲肢體的延伸，那麼開車的方式就是肢體語言的機械化身。

一個人在方向盤後的舉動，不僅能反映出他的心理與態度，在路上與其他車輛所產生的關係，也正是生活中與他人關係的寫照。

• 從不超速的人

這類型的人較爲傳統和保守，不論做任何事情都採取中庸的態度，縱使有很大的勝算，也會謹小慎微，不輕易冒險。這樣的人誠實可信，從不馬馬虎虎，擁有很好的人際關係。

・總以緩慢速度開車的人

這類型的人最爲突出的性格特徵就是畏縮怕事，對自己缺乏足夠的信心，總是覺得什麼都把握不住，因此坐在方向盤後面會感到害怕。

這類人的嫉妒心通常很強烈，非常嫉妒或是嫉恨那些不斷超過自己的人，很想奮起直追，卻又常常跨越不出自我的樊籬。

・喜歡開快車的人

這種人自主意識很強，不喜歡受制於任何人，如果有人企圖這麼做，他們可能會採取極端，甚至以非常危險的方式加以阻止。

這種人對生活的態度是積極、樂觀和向上的，但又希望一切隨心所欲，自己活得快樂就好。

．喜歡讓他人開車，自己坐在後座的人

一般來講，這種人的取勝慾望相當強烈，不願意輸給別人。對他們來說，別人的成就是種威脅，由於害怕自己失敗，會嚴格要求自己不斷地前進。

這種人的自信心很強，希望別人凡事都來徵求自己的意見，而且自我感覺良好，會不斷地尋找機會證明自己的重要性。

．喜歡亂按喇叭的人

這種人大多性格暴躁、易怒，對挫折和困難的應變能力很差，遇到不如意的事情經常會尖叫、大喊、發脾氣。他們適應環境的能力不強，而且經常覺得受到他人的威脅，總是顯得焦慮不安，很少有心平氣和的時候。他們做事效率低，本身的能力也不突出，雖然總是很忙碌，卻看不到有什麼樣的成就。

．綠燈一亮，就立即衝出去的人

這類型的人頭腦靈活，反應敏捷，隨機應變的能力強，對成功的渴望往往要比其他人強烈，有很強的競爭意識，生活態度也比較積極，凡事都會搶先一步行動。

• 綠燈亮了以後，經常要後車催促才開動的人

這種人性格冷靜、沉穩，不管做什麼事情都很小心謹。他們追求的目的是安全保障，可能的損失越小越好，所以總要等到有一定把握以後才會行動。

在爲人處世方面，他們也很懂得收斂自己，從來不會表現得鋒芒畢露，以避免被人拒絕或是遭受傷害。

不同的嗜好，代表不同的性格

一個人有什麼樣的嗜好，往往受性格的影響。嗜好是反映一個人性格的鏡子，透過它來觀察一個人實在是最好不過的了。

日常生活中，每個人多少都有一些自己喜愛的嗜好。

嗜好不同於一般工作和學習，工作和學習很多時候具有一定的目的性，嗜好則完全是自己感興趣的，爲了愉悅自己。

一個人有什麼樣的嗜好，往往受性格的影響。嗜好可說是反映一個人性格的鏡子，透過它來觀察一個人，也可以洞悉一個人的心理。

• 喜歡表演的人

這類人的情感相當敏銳、細膩，總是希望嘗試不同的角色，體驗不同的生活。此外，他們的想像力特別的豐富，能把不同的角色揣摩到位，現實生活中，有時會沉溺於幻想而不切合實際。

•喜歡釣魚的人

這類人對於過程的重視程度往往大於結果，他們在做事的過程中，能夠體會到很多的快樂和自我價值的肯定，但是對於結果如何，則顯得無所謂。

他們信奉的人生信條就是努力做了就無愧於心，平日顯得有些散漫，一旦有重要事情要辦，他們通常能夠以最快的速度調整自己，積極投入其中，而且有很強的耐性。

•喜歡手工藝品和刺繡的人

這類人多半熱情而富有愛心，有很強烈的責任感。

他們的生活態度積極樂觀，但不會放縱自己。他們的自信心很強，經常會為自己所取得的成果暗自陶醉，從中獲得滿足感和成就感。

•喜歡搜集錢幣的人

這類人的性格相對來說比較保守和傳統，不太敢於冒風險，欠缺接受新鮮的事物的能力。他們多半具有很強烈的責任心，做事有始有終，不會半途放棄，對結果的重視程度往往要大於過程。

•喜歡搜集一些懷舊物品

這類人進取心強烈，大多數時候都顯得相當忙碌，總有許多做不完的事情。此外，他們的懷舊情結濃厚，重感情，不會過分地放縱自己，而且很節儉，慾望不是特別強烈。他們容易滿足現狀，有很強的自信心，會爲自己所取得的成就感到驕傲和自豪。

•喜歡園藝的人

這類人凡事都追求循序漸進的過程，具有一定的責任感。

他們心裡會時常抱持一些慾望，爲了使慾望變成現實，會很努力地工作，然後在付出得到回報以後，好好地享受自己勞動的成果。

• 喜歡美食烹飪的人

這類人多半不甘於平庸和寂寞，有很好的創造力和想像力，總是想方設法使自己的生活多些色彩，並且給親友製造一些意外的驚喜。他們有著很高的目標和理想，並會爲此而不斷地追求、前進。

• 喜歡下棋或玩紙牌的人

這類人在智力上往往要勝人一籌，而且會把自己的聰明才智發揮得淋漓盡致，把對手逼得走投無路。在競爭過程中，他們會獲得很大的滿足。

此外，他們的邏輯思維和分析思考能力都相當強，能夠比其他人集中精力投入到事情當中，做事成功的機率相對比較大。

• 喜歡樂器的人

這類人很感性，對外界的感受也很靈敏，總是在不經意間捕捉到一些好的或壞的感覺，爲自己帶來快樂的同時也帶來了苦惱。

他們的性格相對比較脆弱，總希望能得到別人的關心和愛護。

• 喜歡閱讀的人

這類人多有很強的創造力和想像力，有自己的想法的。他們興趣廣泛，往往能夠超越自己的經驗來計劃事情，擴展自己的生活領域。

• 喜歡寫作的人

這類人的思考能力很強，很有自己獨特的見解和想法，爲人較小心和謹慎，喜歡把想法寫出來，把自己的思路理清。

・喜愛集郵的人

這類人善於自我調節情緒，發生不好的事情，心情不平靜的時候，能夠自我開導。這類人很愛面子，常常不知道怎樣拒絕別人，無端增加許多煩惱。

・喜歡旅行的人

這類人多半屬於外向型，好奇心強烈，喜歡追求變化。

這類型的人通常會有不錯的人際關係，而且由於經常旅遊，見識的事物比較多，增長了閱歷和知識，在人群中的形象自然而然提高。

・喜歡從事冒險活動

這類人外表上很健壯，心思縝密，做事情非常小心，習慣把可能出現的問題仔細考慮清楚以後才行動。

他們的性格相對堅強和固執，一旦決定要做某件事，就不會輕易改變，而且很有膽識和魄力，勇於挑戰一些未知的領域。

音樂喜好是性格的指標

一個人偏好聽哪類型的音樂，就說明他在這方面的感覺比較好，而這種感覺很多時候又是這個人心理的真實反映，是一種心理的外溢。

音樂是人類心靈的交響曲，一個人偏好聽哪類型的音樂，往往眞實反映他的內在心理。透過喜愛音樂的類型，也可以幫助我們明瞭一個人的心理特徵。

・喜歡交響樂的人

這類型的人信心十足，躊躇滿志，凡事只想積極的一面，能夠迅速和他人打成一片，但由於盲目地相信別人，常吃虧和受騙。他們喜歡顯露自我，處處顯示自己的不平凡，希望能成爲上流社會的一員，有不務實的缺點。

•喜歡凄美歌曲的人

這樣的人多愁善感，心地善良，懂得體恤他人。歌曲猶如他們生命歷程中的燈塔，指引他們前進的方向，更對他們的情感有催化作用。

•喜歡歌劇的人

思想傳統保守，較爲情緒化，但他們清楚地自己的這個弱點，大多數時候懂得控制好自己的情緒，不會隨便發作。

他們有很強的責任感，對自己的一舉一動很講究，總是要求自己以最完美的形象出現在衆人面前，處處要求盡善盡美。

•喜歡搖滾樂的人

害怕孤獨，不能忍受寂寞，憤世嫉俗，對社會有不滿情緒，經常把持不住自己，有時候會出現不愉快的事情，但他們並不在意。他們喜歡到處張揚，希望引人注目，喜歡團體行動。

•喜歡進行曲的人

這類型的人墨守成規，不求變遷，滿足現狀，力求臻至完美，對自己要求甚高，不允許所做的事出現半點差錯。然而，現實中的不完美卻常常使他們動搖、失望，甚至遍體鱗傷。

•喜歡鄉村音樂的人

老練沉穩、圓滑世故，不會輕易做出令自己後悔或有損利益的事情；個性細心而又敏感，對一些問題常會表現出過分的關心。這類型的人性格較溫和、親切，攻擊性慾望不強，比較喜歡穩定和富足的生活。

•喜歡打擊樂的人

這樣的人耿直爽快，對生活充滿了希望，並且會精心設計自己的未來。他們爲人處世以和爲貴，不挑剔，同時也喜歡談笑風生，具有很強的社交能力，受到大多數人的歡迎。

• 喜歡流行音樂的人

屬於平凡的隨波逐流類型，在戀愛和人際交往過程當中，不喜歡太複雜的思慮，以及太複雜的問題。深層次的理論和強烈的感情是他們最不能忍受的，總是喜歡保持輕鬆和自在。

• 喜歡古典音樂的人

這樣的人較爲理性，很多時候比一般人更懂得進行自我反省、自我沉澱，能夠用理智約束情感。但他們大多很孤單，因爲很少有人能夠眞正走進他們的內心深處去瞭解和認識他們，所以音樂在一定程度成了他們的心靈夥伴。

• 喜歡爵士樂的人

這種人大多非常感性，很多時候做事只憑自己的感覺，忽略客觀實際。他們喜歡自由自在、無居無束的生活，希望擺脫控制自己的一切；喜歡追求新奇，討厭一成不變的任何東西。

他們的生活大多由很多不同的層面組成，又總是彼此互相矛盾，使他們籠上一層神秘的面紗，在人前具有十足的魅力。

・喜歡輕音樂的人

這種人想像力相當豐富，生活態度有點脫離現實而流於幻想。不過，這種人善於自我調節，感覺也相當靈敏，往往能夠在不經意間捕捉到許多創意，而且樂於與人交往，哪怕是不相熟悉的人。

閱讀偏好洩露人格特質

不同的人會有不同的閱讀偏好，這種差異是由於不同的性格所致。因此，透過閱讀的態狀和偏好，可以對一個人進行觀察。

讀書可以增加一個人的知識和修養，也可以反映出一個人的性格。一個人喜歡讀什麼書，很多時候就是性格的外露。

閱讀偏好與性格的關係很早就引起行爲心理學家的重視，並對此做了大量研究，以下是他們的研究成果：

・喜歡看財經雜誌的人

這種人不喜歡安於現狀，不甘寂寞，爭強好勝，不願屈從，最喜歡超越別人。

他們崇尙權威，渴望榮譽，努力尋找發達的時機，爲自己的人生譜寫出光輝燦爛的一筆。

• 喜歡看時裝雜誌的人

這種人非常注重衣著打扮，很在意自己在他人面前的形象，會在這方面花費很多時間和財力。他們習慣把時間和精力都花費在了外表上，卻不見得注重內在修養，難以成就什麼大事業。

• 喜歡看言情小說的人

這種人非常注重感情，會隨著故事情節的發展而與小說人物一起悲歡。他們對事物有很強的洞察能力，自信而且豁達，能在失敗挫折中記取教訓，有成就事業的可能。

• 喜歡看武俠小說的人

這種人身上有一些俠肝義膽，善惡分明，嫉惡如仇，好打不平，爲人豪爽，肯爲朋友做出犧牲。但是，在現實生活中，這樣的人往往會遭到許多挫折，這是因爲他們的性格與現實社會並不合拍。

・喜歡看歷史書籍的人

這種人創造力豐富，講究實際，不喜歡胡扯閒談，寧可把時間用在有建設性的工作上面，討厭無意義的社交活動。他們能夠從歷史事件當中汲取對自己人生有意義的觀點，具有很強的分辨能力，深受周圍人的讚賞。

・喜歡看傳記的人

這種人具有強烈的好奇心，行事謹慎小心，又野心勃勃。他們善於衡量利弊得失，統籌全局，不打沒有把握的仗，條件不成熟絕不會越雷池一步。

・喜歡看通俗讀物的人

這種人熱情善良，直爽可愛，善於使用巧妙而又幽默的話語活躍氣氛。他們有很強的收集和創造能力，趣味性的話題總是張口即來，很討周圍的人喜歡，有良好的人際關係。

• 喜歡看漫畫書的人

這種人大多童心未泯，性格開朗，容易接近。他們喜歡無拘無束、自由自在，不想把生活看得太複雜，但對別人不加防備，往往吃虧上當之後才發覺自己是那麼幼稚。

• 喜歡看偵探推理小說的人

這種人喜歡挑戰生活中的各種困難，有推理能力和創造力，想像力也很豐富。他們善於解決難題，面對困難時能從不同角度進行分析，喜歡挑戰別人不敢碰的難題。

•喜歡看驚悚小說的人

簡單的生活讓他們感覺太乏味，渴望用刺激和冒險啓動自己的腦細胞。他們有懶惰的性格，不太喜歡思考，很難從周圍獲取樂趣和歡愉。同時，他們對身邊的人不感興趣，不太合群，獨處一隅的時間較多。

•喜歡看科幻小說的人

這種人富有幻想力和創造力，常常被科學技術迷惑和吸引，喜歡爲將來擬定計劃，但不講究實際，缺乏持之以恆的精神。他們總是有源源不斷的構想，然而往往流於空想。

•喜歡看新聞類雜誌的人

這種人意志多比較堅強，在各種挫折和困難面前不會輕易被擊倒。而且，他們是絕對的現實主義者，只關注於客觀的實際，善於接受新思想。

• 喜歡看哲學著作的人

這種人自信心很強，勤於思考，懷疑周圍的一切，容易把問題想得複雜、嚴重。他們缺乏處世熱情，不喜歡交際，覺得大多數人不值得交往。

• 喜歡看詩集的人

這種人多愁善感，感情細膩，觀察力強，敏感而富於幻想。對人熱情，但時常以自我爲中心，孤傲，常獨自行事。

• 喜歡看女性雜誌的人

這種人以女性居多，上進心強，希望自己是女強人，在事業上能夠有一番成就，讓別人對自己刮目相看。

你不能不知道的行為心理學全集

作　　者　陶　然
社　　長　陳維都
藝術總監　黃聖文
編輯總監　王郡凌
出 版 者　普天出版家族有限公司
　　　　　新北市汐止區忠二街 6 巷 15 號
　　　　　TEL / (02) 26435033（代表號）
　　　　　FAX / (02) 26486465
　　　　　E-mail：asia.books@msa.hinet.net
　　　　　http://www.popu.com.tw/
　　　　　郵政劃撥 19091443 陳維都帳戶
總 經 銷　旭昇圖書有限公司
　　　　　新北市中和區中山路二段 352 號 2F
　　　　　TEL / (02) 22451480（代表號）
　　　　　FAX / (02) 22451479
　　　　　E-mail：s1686688@ms31.hinet.net
法律顧問　西華律師事務所・黃憲男律師
電腦排版　巨新電腦排版有限公司
印製裝訂　久裕印刷事業有限公司
出 版 日　2023 年 3 月第 1 版
I S B N◉978-986-389-856-6　　條碼 9789863898566

國家圖書館出版品預行編目資料

你不能不知道的行為心理學全集／
陶然著.—第 1 版.—：新北市,普天出版
2023.03 面；公分. -（智在人生；02）
I S B N◉978-986-389-856-6（平裝）

智在人生
02

普天之下・盡是好書

普天出版家族
Popular Press Family

凌雲文創
A-Plus Creative Company